Pilot
派力营销图书

故事使学习过程更有效、更有趣、更难忘！

Pilot
派力营销图书

故事能够实现其他交流形式不能实现的作用
——它能够完全约束听众，
并且真正的改变人们的行为！

More Tales for Trainers

卓越的培训师都会讲故事

用故事的形式大幅提高学习成效

［英］玛格丽特·帕金 ◎ 著
王玉婷 ◎ 译

Using stories
and metaphors
to influence and
encourage
learning

企业管理出版社
ENTERPRISE MANAGEMENT PUBLISHING HOUSE

图书在版编目（CIP）数据

卓越的培训师都会讲故事：用故事的形式大幅提高学习成效 /（英）玛格丽特·帕金著；王玉婷译. —北京：企业管理出版社，2019.9
书名原文：More Tales for TrainersUsing stories and metaphors to influence and encourage learning
ISBN 978-7-5164-2017-1

Ⅰ.①卓… Ⅱ.①玛… ②王… Ⅲ.①企业管理—职业培训 Ⅳ.① F272.92

中国版本图书馆 CIP 数据核字（2019）第 189382 号

More Tales for Trainers Using stories and metaphors to influence and encourage learning
Copyright:© Margaret·Parkin 2010
This translation of More Tales for Trainers Using stories and metaphors to influence and encourage learning is published by arrangement with Kogan Page.
Simplified Chinese edition copyright:
2019ENTERPRISE MANAGEMENT PUBLISHING HOUSE
All rights reserved.
本书中文简体字版由企业管理出版社出版。
未经出版者书面许可，不得以任何方式复制或抄袭本书的任何部分。
北京市版权局著作权合同登记图字 01-2019-5018 号

书　　名：	卓越的培训师都会讲故事：用故事的形式大幅提高学习成效
作　　者：	（英）玛格丽特·帕金
译　　者：	王玉婷
责任编辑：	韩天放　田　天
书　　号：	ISBN 978-7-5164-2017-1
出版发行：	企业管理出版社
地　　址：	北京市海淀区紫竹院南路 17 号　　邮编：100048
网　　址：	http://www.emph.cn
电　　话：	编辑部（010）68701638　发行部（010）68701816
电子信箱：	qyglcbs@emph.cn
印　　刷：	北京鹏润印刷有限公司
经　　销：	新华书店
规　　格：	166 毫米 ×235 毫米　　16 开本　　12.5 印张　　176 千字
版　　次：	2019 年 9 月第 1 版　　2019 年 9 月第 1 次印刷
定　　价：	49.80 元

版权所有　翻印必究　·　印装有误　负责调换

商德需要好榜样
——派力营销图书经典系列再版序

我已十多年没有意愿发声,一是自身回归清静生活有点懒惰,二是对这些年商业道德表现有些失望。

我是否是愤青般的夸大其词或羡慕嫉妒恨?

那就让我们以一个普通家庭消费者的身份,回顾一下日常生活中的购物和投资理财体会:大到购买房产及装修、汽车、股票和基金、理财产品、商业保险、股权投资、医疗、教育等,小到网购、穿的衣服、吃的食品、用的物品、公用服务(通信、交通等)、售后服务、旅游、各种软件下载等,很多时候都会让你体验到购前满怀期待、购后愤怒生气甚至投诉起诉无果的遭遇。

商界精英们可以从自己及能影响到的身边人做起,力所能及地认清和改变自己,尽量持公正心、做正直人、干正派事,即便是不能给自己带来任何功利,至少每晚可以安然入眠,为我们的子孙树个好榜样,为未来中国商业和社会文明的进步垫砖添瓦。

其实，中国商界古代都有很好的榜样和"先信，再义，后利"的先辈教诲，就当今的消费体验而言，广东和四川的餐饮服务业很早就是中国商界好榜样，中国家电行业曾经的表现也是，那些辛苦赚钱的快递外卖小哥们的服务表现也不错，部分B2B行业的客户服务也进步很多，不少富翁们已经开始做一些很有持续利民价值的公益慈善活动，党和政府的反腐倡廉及法制建设也在快速进步，当然还有其他不一而足。

在再版派力营销图书经典系列之际，写此文与商界及二十多年来一直信任和陪伴派力营销图书的上千万中国营销同仁们共勉。

最后，让我们摘录亚马逊CEO杰夫·贝索斯在普林斯顿大学2010年学士毕业典礼上的演讲中的几句话作为共勉：

善良比聪明更难，选择比天赋更重要。

天赋和选择不同。聪明是一种天赋，而善良是一种选择。天赋得来很容易——毕竟它们与生俱来。而选择则颇为不易。如果一不小心，你可能被天赋所诱惑，这可能会损害到你做出的选择。

你们要如何运用这些天赋呢？你们会为自己的天赋感到骄傲，还是会为自己的选择感到骄傲？

北京派力营销管理咨询有限公司　屈云波

2019年 9月 1日

前言

这曾是项似乎不可能完成的任务——和一群吵嚷着的、已经是成年人的工商管理学硕士们，共度一天中的最后一个时段。此时他们已完成了周末的实践作业，写完了论文，并且只想回家。娱乐、鼓励、启发他们，是一项几乎不可能完成的任务。事实上仅仅只是让 70 个人安静地待在一个房间里，就着实需要些本领。我刚设法让教室这边的人安静下来，教室另外一边的人却又聊了起来。这就像试图把许多打着转儿的盘子归位一样。出于礼貌，参与者们装作对我所布置的题目（有效交流技巧）很感兴趣，但这仅仅是在下课前的一小时（很可能是为了能够按时下课）。我决定给他们讲一个故事，随后，一些奇怪的事情发生了。

他们兴致勃勃的聊天渐渐停止了。此时，我惊奇地发现，学生们全神贯注地听我讲故事，并用全身心的投入来向我讲的故事致敬。在我宣布可以下课回家了之后，我原以为会像火箭一样从椅子上蹿起来冲出教室的学生们，竟然沉浸在故事中，没有人准备离开。从那天起，我开始意识到讲故事这种交流形式，确实有它的特别之处。我发现，故事能够实现其他交流形式所不能实现的作用——它们往往能够完全约束听众，并且真正地改变人们的行为。

有些人要问了，这个故事和我的企业有什么关系呢？在推动我的企业实现目标这件事上，它又能教我些什么呢？如果有些出路，能够带人们逃离当今世界的经济萧条，那就应该是教会企业里的人们，让他们明白不能再用"照旧行事"的方法来经营，一次次地祈求生意自动上门了。很遗憾，我们现在正在一种充满怀疑的氛围下运营——我们已经对政治家、银行家和当权的其他角色失去了信心。我们不再相信垃圾邮件（如果我们曾相信过的话）告知我们中了100万英镑，我们已经厌倦了超负荷的信息。

今天的企业无论对内还是对外都应该开始重建信任，寻找与众不同的、富有创造力且可靠的交流方式，来约束员工、客户和其他利益相关者。商业叙述或者故事提供了一种约束方式。故事在整个讲述过程中，对人类思维的两方面（理智与情感）都发挥着独一无二的作用，这就使故事成为一种极具影响力的交流方式。渐渐地，全球各领域中的企业都意识到了这种力量，不仅是在学习与发展领域，还有研究领域、公共关系与市场营销，以及品牌与文化变革都意识到了这种力量。像美国礼来公司（Eli Lilly and Company）、吉百利（Cadbury Schweppes）、耐克（Nike）、强生（Johnson&Johnson）、唐宁茶品（Twinings）、乐高（Lego）和惠普（Hewlett-Packard），这些企业无论对内还是对外，都正在从讲故事所带来的附加投资回报率中获益。一家之前毫无生气的英国比价网站，创造出了一个奇特又可爱的角色——亚历山大·奥尔洛夫，一只俄国贵族猫鼬。据《营销杂志》（Marketing Magazine）报道，该网站利用这只猫鼬做广告宣传，使其销售额蹿升了70%。谁还敢说讲故事是不务正业？

培训师、教练、人力资源和组织发展顾问，在此改革过程中发挥着至关重要的作用。他们中的很多人现在已经以商业伙伴的身份，成为机构中的核心人物，并在传达构想、价值观及企业宗旨方面发挥作用——企业作为一个整体把人力资源和培训都包含在其中。培训师们尤其意识到，目前他们发挥作用的重点，不再是简单满足学员的学习目的，而是寻找更有效、更有趣、更难忘的学习方法，更好地去满足他们的需求。培训师们应更多地关注第一部分中所提及的内容。

那么故事是如何使培训师、学员和企业受益的呢？在内部交流和学习方面，故事可以：

◎ 传达企业愿景和宗旨——"核心故事"。

◎ 使企业价值更有意义、更易实现。

◎ 协助定义企业文化。

◎ 作为调查工具，为企业健康运转提供借鉴。

◎ 通过绕开有意识的抗拒，来推动企业的革新过程。

◎ 使学习过程更有效、更有趣、更难忘。

◎ 鼓励兼具反思性、想象力和富有成效的思考。

◎ 为培训班分享和学习知识提供素材。

◎ 鼓励他人通过"重塑"来摆脱惯性思维模式。

◎ 利用通过企业内联网给员工发故事所获得的社会认同，培养信赖感和约束力。

在与客户、供应商和其他的利益相关者们的外部交流方面，故事可以有效地用来：

◎ 使数据和信息在销售演示时更生活化。

◎ 使演示更难忘。

◎ 作为广告和市场营销战略中的一环。

◎ 提升企业形象。

◎ 确保企业能够脱颖而出。

◎ 作为招聘战略中引人注目的一环。

◎ 用现有客户的成功故事所获得的社会认可，来培养信赖感。

此书意在为培训师、教练和组织发展顾问们提供一些更深远的见解，以及实现以上收益的实用方法。在第一部分中包括以下4点。

1. 故事与学习

介绍故事是如何帮助我们学习的；定义全脑学习和非正式学习；讲故事是如何通过模仿和发挥想象力协助学习的；隐喻在学习与变革中的作用；选择恰当的隐喻；有意识与无意识地学习。

2. 故事如何发挥作用

着眼于故事的心理依据；我们到底为什么讲故事；孩童时的故事是如何影响我们到今天的；故事对人们思维产生的影响；故事相对于单调数据所具备的优势；故事和情感；如何用故事达到影响、激发和调动的目的。

3. 分享故事

依据企业具体情境给故事和隐喻定位；如何将正面故事和负面故事分类；故事与行动需保持一致性；故事是如何定义企业文化的；用故事使生命有价值；应对小道消息；用故事来分享知识。

4. 讲故事

为使用故事的时机（何时、何地）提供实践性指导；故事包含的实用技巧，如在岗前培训中鼓励小组讨论；作为评价过程的一部分；不同的故事有不同的作用；搜罗好故事；如何练习讲故事的技巧，如幽默、再现、夸张；如何利用声音和非言语交流让故事栩栩如生。

在第二部分中，50则故事的设置用来鼓励反思和阐释不同的学习概念。作为培训师，毫无疑问，你会发现自己在管理、领导与自我发展训练的过程中，不得不去解释这些概念。这些概念可能包含如下方面：改善领导者们与团队之间的关系、为问题提供创造性的解决方案、有建设性地应对改变、感化技巧、情商与化解矛盾。

这 50 则故事都是精心挑选出来的，尽管它们的来源似乎形形色色，但所有的故事都有一个共同之处，即它们的最终目的都是帮助你和你的学员们，从不同的角度看待自己的境遇，随后这些故事也许能给你机会学习并帮你找到积极、富有创造力的方法，来应对当前的境遇。像这样的故事，可以提升你的创造性思维并引发讨论；故事的设计能够激发全脑学习、消化、记忆学习到的东西，并切实地帮助工作。大多数故事都非常短，仅需 5 分钟左右即能讲完。其中有一些故事来源于经久不衰的佛教智慧、古希腊神话和传统寓言，而另外一些由现代商人们搜集的故事也毫不逊色。

我已尽全力将这 50 则故事归类分组，如果你曾经试图将故事分类的话，那你就会知道这并不是件容易的事！其中的一些故事，不停地被从一组调换到另外一组，而另一些故事则偏偏要黏在一起，这项工作对我来讲真是十分的枯燥。因此，以下的三组分类仅作为您的简明阅读指南。我相信，您可以从这些故事中，挑选出能够满足您具体需要的故事。

1. 启蒙故事

这一组故事汇聚了古往今来的故事，包括神话、寓言、童话和当代故事，将这些故事放到企业的现实境遇中时，就能够帮助企业说明与之相关的问题。启蒙故事有助于理解问题，提高人们的知识水平和智力水平并消除愚昧。它们能够启发人们解决困难、复杂的问题。这些故事是一旦讲出，就能让听众致以"啊……""哦……"之类赞同声的故事，毫无疑问，这声音暗示着对知识的领悟。尽管如此，因为往往不了解他们到底领悟到了什么，便使评价变得困难！

2. 警示故事

从古代伊索寓言起，警示故事就一直警告年轻人可能遇到的威胁。最原始的警示故事包含三个阶段：首先是危险的行为、环境和事物介绍，然后是顽固的、不听从警告的人和他们的故事，最后是高潮部分，这些人通常是和作恶者一同得到悲惨的下场。鉴于警示故事的目的所在，往往都不会有圆满的结局，事实上它的作用就是使自满的听众感到震惊。这组故事包括像《下金蛋的鹅》《狐狸与葡萄》这样的老故事，也包括像彼得·哈尼医生这样的商人所讲述的现代警示故事。这些故事可以作为小组讨论的焦点和知识分享的载体。

3. 圆满结局

在近期经济萧条的日子里，人们总有些沮丧，而故事可以使人们放松，带给人们惊喜，故事让人们觉得生活值得过下去，并且能让人们开怀一笑。这些故事并不是那么深奥或意味深长，因此也就没有"反思"和"讨论话题"。尽管如此，它们也可以有效地被用在讨论中，作为过渡到下一个主题的填充，午饭后或者在培训课程结束时，用以激励参与者，使他们情绪高涨。当然，如果你愿意的话，这些故事也不是不可以用作讨论。就像这组故事的类别呈现的一样，这组故事可能会有一个牵强的或者始料未及的结局，但这结局往往是圆满的。

在前两组故事后都有两个活动板块——"反思"和"话题"，这两个活动板块的设计，是为了帮助你将故事放到经营和企业的情境中，使故事最大限度地发挥其反思学习工具的作用。这两个活动板块部分来自波顿（1970）、吉布斯（1988）、科布尔（1985）等倡导发展的反思模式。这里需要考虑的题目包括：

◎ "什么？"（故事传递的启示是什么？）

◎ "那又怎样？"（它对我有什么意义呢？这和我有什么关系吗？）

◎ "现在怎么办？"（我该如何利用这额外的知识？如何理解呢？）

尽管故事所提供的寓意都包含在反思这部分，但要注意，同样的故事对不同的人来说，会有截然不同的意义。避免强迫学员接受你对故事寓意的解读，他们也许能够从故事中领悟出与你的解读完全不同的道理，他们的领悟也可能是一种行之有效的见解，并且可以增加讨论的丰富性。

同样这部分还包括对故事使用范围的建议，例如，管理改革、情商、认知、解决矛盾、领导力等方面。下面会给出一张涵盖所有范围的清单，当然，如何使用这些故事的最终决定权在你手里。这张清单不可能包罗万象，也许你还会觉得故事中的一些启示在某些范畴中有重叠。因此，最好采取一种务实的方法，在不同的情况下实验各种故事，并把你所得到的反馈记录下来。这些故事可以应用于：

◎ 品牌经营、市场营销。

◎ 沟通交流。

◎ 创造力。

◎ 客户服务。

◎ 应对改变。

◎ 应对矛盾。

◎ 情商（了解自己和他人）。

◎ 授权、约定。

◎ 平等与多样性。

◎ 道德伦理。

◎ 融入新环境或新工作。

◎ 影响力。

◎ 正直、谦虚。

◎ 知识分享。

◎ 领导力。

◎ 学习与发展。

◎ 动机与回报。

◎ 认知。

◎ 绩效管理。

◎ 正面思考。

◎ 表达技巧。

◎ 解决问题。

◎ 项目管理。

◎ 现实目标设定。

◎ 自信。

◎ 战略规划。

◎ 人才管理。

◎ 团队协作。

"讨论话题"部分帮助你形成关于故事富有成效的讨论。一些"导火索"式的问题，被推荐用来推进对话和构建半结构化的框架。如果是与团队共事，你可以选择将问题提给参与者们，或者你也可以将其中的一两个问题提出来，再或者加上你自己的问题。如果把这些故事用在训练环节，你也许可以将一些问题设计成你们平常对话的一部分。这主要看你所使用故事的情境、希望达到的效果、个人或团队的经历，以及你计划分配给这个环节的时间。

你应该时刻谨记，去明智地选择你的导入问题，"你能把这个故事和你的企业联系起来吗？""这个故事和你企业的联系是怎样的呢？"这两个问题之间有着巨大的差别。前者更具反思性和开放性，而后者则强迫两者之间建立联系，即便这种联系也许根本就不存在。我越来越发现，问题越精简且问题的结局越具开放性、反思性，得到的回答就越精彩，越具创造性。你的问题看上去越像是个清单或理解力练习，大脑就越容易发挥线性思维的作用，你会发现参与者们加入到了"选择题"的练习中来，且十分迫切想要选出"正确"答案，而不是任由自己花费时间思考与反思。

因此，在这些故事爬上书页之前，或者决定再一次重新排列之前，也许我们应该开始……

目录

第一部分 / 从前……

故事与学习

如何转换培训师的角色 / 2

非正式学习 / 4

介绍故事 / 5

全脑学习 / 8

讲故事是如何协助学习过程的 / 10

隐喻：无意识的关键 / 17

为学习和改变选择"恰当的"隐喻 / 18

隐喻的局限性 / 20

总结 / 22

故事如何发挥作用

我们为什么讲故事 / 23

孩童时的故事是如何影响我们至今的 / 27

故事 VS. 事实与数据 / 29

如何用故事达到影响、激发和调动的目的 / 32

总结 / 40

分享故事

消极的言论会耗费生命 / 42

企业故事和它们的作用 / 43

讲故事还是企业宣传 / 44

故事提供社会证据 / 45

故事定义企业文化 / 49

隐喻与企业文化 / 51

故事阐释企业价值 / 52

应对小道消息 / 54

用讲故事来分享知识 / 56

学习历史 / 56

总结 / 58

讲故事

在学习过程中引入故事的时机 / 60

将故事作为岗前培训的一部分 / 62

在培训环节前讲故事 / 63

未讲完的故事和相互关联的故事 / 64

用故事来进行小组讨论 / 64

用故事来阐明目的 / 65

用故事进行评估 / 66

用故事结束一天的课程 / 67

用不同的故事达到不同的效果 / 67

如何搜罗故事 / 69

结合说故事人的技巧来讲故事 / 71

利用声音使故事变生动 / 75

非言语交流 / 76

不做完美主义者 / 77

总结 / 78

第二部分 / 然后，有一天……

启蒙故事

命运之手 / 83

不同的世界 / 85

一副象棋 / 87

富人与穷人 / 89

劳伦·卢克：改变美丽的脸 / 91

医生的疗法 / 93

绿野仙踪 / 95

真正的国王 / 97

城里老鼠与乡村老鼠 / 99

学会学习 / 101

记住小事 / 103

黑白石子 / 105

影响的力量 / 107

精灵与鞋匠 / 109

隐藏的宝藏 / 112

豌豆公主 / 114

就这样结束了吗 / 116

警示故事

下金蛋的鹅 / 119

早产儿 / 121

黑点与绿泥 / 123

为了想要一枚钉子 / 125

虚荣的王子 / 127

水仙与回声 / 129

猴子的交易 / 131

母亲特别的声音 / 133

狐狸与葡萄 / 135

与恐惧为伴的女人 / 137

《战争游戏》 / 139

贫穷与智慧 / 141

狗与骨头 / 143

它使你思考 / 145

左右为难的故事 / 147

卡莉的故事 / 148

小红母鸡 / 150

上帝会显灵 / 153

注意两边儿 / 155

屈服于员工态度调查的经理 / 157

圆满结局

马乔里的故事 / 160

《父与女》 / 162

母亲和葡萄 / 163

勇敢的祖母 / 165

一个偶然的发现 / 166

我知道我们会再听到你的消息 / 167

灰姑娘去舞会 / 168

情书 / 169

标语的故事 / 172

最后一则 / 173

补充资料

Part 1

第一部分
从前……

故事与学习

> "我现在没法告诉你这件事有什么寓意,不过我马上就会想出来的。"
>
> "或许根本没什么寓意。"爱丽丝鼓足勇气说。
>
> "得了,得了,小孩子!"公爵夫人说,"'每件事'都有它的道理,只要你能够找出来。"
>
> 刘易斯·卡罗尔,《爱丽丝梦游仙境》
> (Alice's Adventures in Wonderland, 1865)

如何转换培训师的角色

我的培训师职业生涯,大约是在 25 年前开始的。回想起那段时光时,我会感到脸红。在那段日子里,我最关心的就是幻灯机的灯泡是否亮着(有些朋友可能没听说过,这些是我们在电脑幻灯片普及之前使用的东西),希望活动挂图的墨水笔不要干掉,像"教官""守则""讲演"和"学生"这样的词都在广泛使用。

但是,20 世纪 90 年代,这个世界变了,全球化、科技和竞争使企业不得不迅速适应和学习,像"学习型企业"这样的词开始进入我们的视线,彼得·圣吉[1]将其描述为：

> 在企业中，人们不断扩大自己的能量来创造他们真正渴望的成绩，新颖的和豁达的思维模式得到滋养，集体的意愿得到释放，并且人们不停地相互学习。
>
> 圣吉，1990

当然，老实讲，在当时我们几乎没有谁能够真正理解这句话的含义，或者真正领悟它蕴含的道理。一个当时与我共事的总裁证实了这种状况，虽不是那么具有说服力，但很有可能是他的真实反应，他告诉我："我们是学习型企业——现在叫这些家伙去学习！"2009年特许人士与发展协会（CIPD）[2]做了一项关于学习与发展的调查，发现其中50%接受调查的企业，都在努力达到学习与发展文化的融合。

因此，如果企业将注意力转移到某种如圣吉所强调的持续不断的、共享的学习上来，这就意味着培训师的角色也必须随之转换。现在是21世纪，重点已经从培训师转移到学员身上，一个包罗万象的新词汇逐步形成了。事实上，"培训师"这个词在某些情况下已经消失了，它变异成一个听上去更加华丽的词，即"学习与发展顾问"。这个称谓在CIPD于1999—2000年的职业标准复核中，被不断思忖。尽管有人质疑这个称谓，今天企业里的培训师们还是需要做着相关的工作，与此同时还需关注（并且接受）对他们服务要求的改变。CIPD的马

---

[1] 彼得·圣吉（Peter Senge）是美国麻省理工大学（MIT）斯隆管理学院资深教授，国际组织学习协会（SoL）创始人、主席。彼得·圣吉在1990年出版了《第五项修炼——学习型组织的艺术与实践》一书，推动人们刻苦修炼，学习和掌握新的系统思维方法。此书一出，反响强烈，连续3年荣登全美最畅销书榜首，被《哈佛商业评论》评为过去二十年来五本最有影响的管理书籍之一，彼得·圣吉本人也被称为继彼得·德鲁克之后，最具影响力的管理大师。

[2] 英国特许人士与发展协会（The Chartered Institute of Personnel and Development，CIPD）是从事人力管理和发展专业人士的组织。CIPD代表在英国和爱尔兰从事人力资源和发展的11.8万多名从业者。通过CIPD认证的人力资源硕士课程，代表了在人力资源和发展领域的最高水平。

丁·斯洛曼[1]说：

> 今天的企业懂得坚持学习是现代工厂的根本要素之一。因此，适应并认识到无论培训师存在与否，学习与发展在任何时间、任何地方都会存在……对培训师们是非常有意义的。因此，培训师就成为鼓励你、引导你和提升你的那个角色。

因此，今天的培训师可能就像教练、导师、IT专家、企业发展顾问一样，被看作是老师或引路人。但毕竟，正如斯洛曼所说，无论采取何种形式，他们都是学习的管理者和拥护者。

非正式学习

尽管在今天的企业里，学习仍然在教室环境下，或有教练，或有导师，或者是通过个人电脑以一种正式的形式进行着，而非正式的学习形式同时也在进行着——"蓄意和偶然"学习（伦纳德和纳德勒[2]，1990）。换句话说，所教的内容与学员所学内容不必完全一致，当然这也不是所有情况。一些学员要求尽量多地搜集到额外信息——像Facebook[3]和Linkedin[4]这样的社会和商业网站，学员们会在上面分享自己和他人的经验，就像他们从培训师或正式培训课程中学来的那样。我这几年来读过的大量的成绩评定表就是证明，学员们写道"（培训）最好的

---

[1] 马丁·斯洛曼（Martyn Sloman）是金斯顿商学院的访问学者，著名的学习训练与发展专家，TJ（Training Journal）的首席顾问，具有多年的培训经理人经验。

[2] 伦纳德（Nadler L.）和纳德勒（Nalder Z.）1990出版的 The Handbook of Human Resource and Development。

[3] Facebook是一个社交网络服务网站，于2004年2月4日上线。Facebook是美国排名第一的照片分享站点，每天上载850万张照片。随着用户数量增长，Facebook的目标已经指向另外一个领域——互联网搜索。

[4] Linkedin是全球最大的职业社交网站，网站的目的是让注册用户维护他们在商业交往中认识并信任的联系人。用户可以邀请他认识的人成为"关系"圈的人。现在该网站用户数量已达2亿，平均每秒都有一个会员加入。

部分，就是见到所有的其他企业的代表"，这使我意识到这种差别的真实性。尽管站在培训师的角度，这看上去似乎有点令人沮丧，但这就是现实（并不像我曾经读过的学员们深情的评论那样令人沮丧："我不喜欢午餐时三明治里夹的鸡蛋"）。

介绍故事

通过故事分享来学习可以被看作是培训师、学员和企业的巨大资源。它们不仅是一个重要且划算的学习工具，同时也为在一个社会团体中与他人发展关系提供了机会。人类学家坚持认为，我们的祖先不得不利用越来越复杂的社会关系，来进化到群居的过程。今天的情况也是一样，比如说企业的隶属结构变得越来越复杂和全球化。在一个团体内学习或工作，需要组织内部源源不断的动力学知识，谁是组织里的"行动者和颠覆者"，如何去影响并与他们互动。杰里米·许[1]于2008年在《科学美国人杂志》[2]发表的一篇题为"讲故事的秘密"（The Secret of Telling Story）的文章中写道：

> 故事帮助我们监督团体里正在发生的事。故事安全、富有想象力的世界也许是某种训练阵地，在这里我们可以练习彼此间的互动，学习社会的习俗与规则。

尽管如此，不是所有的企业文化都支持故事分享，或者把它看作是一种有效的学习方式；也不是所有的人都愿意把他们的知识教给同事。斯坦·加菲尔德[3]2006年在《知识管理评论》（*Knowledge Management Review*）中写道：找出学习知识时一系列需克服的障碍，它们包括以下3点。

◎ 不知道他们为什么应该这样做。

---

[1] 杰里米·许（Jeremy Hsu）是《生活科学》的高级作家。
[2]《科学美国人》（*Scientific American Journal*）创刊于1845年，是全球顶尖科学家分享理念与成果的首选平台，至今已有146位诺贝尔奖得主在此发表文章。
[3] 斯坦·加菲尔德（Stan Garfield）是知识管理经理人。

◎ 不知道怎样做，未经过培训。

◎ 做这件事没有积极的结果或回报（或者更糟的——根本不去做）。

因此，作为培训师或教练，我们需要用正确的且有点技巧的方法来鼓励、培养和管理这项活动。这些年来的经验告诉我，如果你想要鼓励参与者分享故事，你有可能提出的最糟糕的要求之一就是："那么……告诉我一个关于……的故事"。也许，"故事"这个词会让人感到僵硬；也许它会让人处于难堪的境地；又或者这是一种误解，你不得不突然变成"超级故事大王"，然后开始一个小时的独白，以至于听众捧腹大笑或者钦佩不已。如果你鼓励人们用故事传达他们的经验、分享他们的知识，那么这个活动就要巧妙地进行，几乎是不知不觉，就像下面的活动所展示的。

学习活动：最棒的与最糟的

通过两人一组或小组讨论的形式来鼓励知识分享，让他们讲出在特定事件上最棒的和最糟的经验，如业绩评估，或者应付难缠的客户，或是销售一件新商品。

最棒的：从积极的角度，这次经历哪些让你记忆犹新？你看到、听到和感受到了什么？

最糟的：从消极的角度，这次经历哪些让你记忆犹新？你看到、听到、感受到了什么？相反，你希望当时得到的结果是怎样的？

给参与者们自由和空间来讨论他们对于"最糟的"的理解感受，同时也讨论"最棒的"经历，这会使这个过程（和你）更具有可信度。这说明你正在承认这样一个事实，"糟糕的"日子和不完美的经历都很正常，人们应该吐露出自己的真实感受和沮丧心情。尽管如此，要通过管理来控制这个活动，不要让"最糟的"故事陷入"难道这不是糟透了吗"这种绝望的境地。这项活动名义上是要克制和约束，实际上是为了在承认消极方面的同时，我们仍旧能够通过"相反，你希望当时得到的结果是怎样的"这样的问题来将它转变成积极的学习机会，这样就能够与他们希望得到的结果形成对比，并引起他们的注意。

我回想起和一群酒店员工共事时，使用这个练习的情景，当时他们正思考如何提高客户服务的水平。一个年轻的接待员开始讲述一个"最糟的"故事——服务一位"永不满意的客人"。这位女顾客总是会在深更半夜不停地打电话，提出一些稀奇古怪的要求或是投诉些鸡毛蒜皮的小事。对于培训师来讲，通常的方法就是要问："那我们应该怎样应对这种状况呢？"，用一种几乎不会犯错的方式来引导她说出优秀客服的准则。但我并没有那样做，因为感受到了这个接待员滔滔不绝的抱怨背后的真实感情，我悄悄地几乎是耳语般地问道："你当时想和她说什么？"她照搬服务手册上写的步骤回答道："我应该先深呼吸一口气……""不，不，"我几乎阴险地小声对她说，"你'心里'想说什么？"这时她的脸色变了，表情几乎扭曲，接着一连串的谩骂倾泻而出："我想要告诉她去 * 吧，快 * 出我的视线，收拾好 ** 的行李，走开，离我远远的！"她停下时，上气不接下气，似乎惊异于周围人们同情的笑声和掌声。在这次宣泄中，似乎什么东西被抹去了而不是被压制了，这就给了我们继续下去的自由，接下来就可以寻找她能采用的恰当的行为方式了。安妮特·西蒙斯[1]在她的书《故事要素》（*The Story Factor*，2006）中写道：

> 深刻的幻灭在它缩小至可应付的程度前就应被承认。告诉那些失望的人们振作起来，多注意积极的一面是十分无礼的。应该让他们相信你了解他们的感受，并且充满希望。

下面介绍一个我称之为"话题"的活动，可以以一种非正式的形式取代培训开始时情况简介环节中，那令人紧张的"让我们做下自我介绍"的部分。这个活动由一系列简单的卡片组成，其中一些话题很好笑，还有一些话题在腔调

---

[1] 安妮特·西蒙斯（Annette Simmons）是一位讲故事的高手，她能准确地找到核心：如果你讲的故事能感动我，就等于关注了我。她在《故事的要素》（*The Story Factor*）一书中指出，故事可以为事实点缀丰富的细节，再加上具有情绪影响力，往往能引起听众的注意。

上还会引起争议，而这些都是为了激发讨论，促进知识分享。当然，卡片上的主题可以设计成适合企业的，或者符合训练环节及会议重点的内容的。依照团队规模，你既可以分桌进行，也可以让大家共同进行。这项活动在小组介绍或会议开场白环节上，能够轻松地吸引参与者们，并为他们提供半结构化的参与模式，同时消除了他们"我不会讲故事"的观念。同事们在这一练习当中，总会惊异地发现他们获悉了大量以前不了解的关于彼此的信息。

学习活动：话题

鼓励用这些话题卡片来分享故事和知识：一些纯粹是工作上的话题，一些是相对私人化的话题，还有一些很有趣或者有争议。下面是一些我在英国北部的文化遗产中心给员工们使用的例子：

◎ 你过去12个月的工作重点是什么？

◎ 讲述一下你工作最努力的时期。

◎ 如果有一天你可以是隐形的，你会做的第一件事是什么？

◎ 谁曾是你最有趣的访客？为什么？

◎ 你有没有过故意给别人指错路、说谎或者夸大事实的经历？

全脑学习

就像利用从非正式学习中搜集到的信息一样，培训师们还需要注意到，如果企业在竞争中始终处于前列且发展革新速度异常之快，那么同样他们必须寻找更具创造性的学习方法来适应和支撑这种发展过程。这就意味着，培训师们所了解和提倡的学习方法也许需要改变。丹尼尔·平克[1]在他的书《全新思维》（*A Whole New Mind*，2008）中谈道，应脱离"逻辑、线性、计算机能力为主的信息时代"，而转向建立"具有创造性的、同感的、具有大局观念的概念时

---

[1] 丹尼尔·平克（Daniel Pink）是趋势专家、作者、畅销书作家，《纽约时报》《哈佛商业评论》《快公司》和《连线》杂志撰稿人，在世界各大公司、大学院校及各种协会进行演讲，讨论有关经济变革和创造新型工作环境的话题。

代"——随之而来的，我们需要用一种不同的方式，来看待大脑是如何作为一种学习工具来运转的。

从罗杰·斯佩里[1]和奈德·赫曼[2]自20世纪60年代以来所开展的研究工作中可以得知，人的大脑由左右两半球组成，并且每个半球（不严格讲）具有不同的功能。多年以来，从事教育和经商的人们似乎将大脑两个半球中的左半球看得更"重要"，并将它称颂为主宰者，其主宰着惯性思维和分析性思考、数字、逻辑、语言等；相反，大脑的右半球则被看作是"灰姑娘"一般，像一个"穷亲戚"，负责同步的语境思考、艺术、音乐、情感等。诸如"明智的"和"有条理的"这样的词使用时，往往和大脑的左半球产生联系，而"附庸风雅的""空洞的"和"软弱的"，在描述右大脑的功能时往往被提到。

然而，心理学家和神经学家现在正在改变他们的想法，尤其在21世纪平克所描绘的概念化世界里，在思考和学习过程中大脑的两个半球是同等重要的，它们不会脱离彼此而单独工作。为了生存和发展，我们事实上需要两个大脑半球共同协作，全脑运转的概念比两个半球各自运转的总和意义要大得多。更为重要的是，我们需要额叶[3]在它最为理想的水平下发挥作用，这些额叶作为大脑中的一部分负责着有时我们称为"执行"和"高级认知"的功能，像解决问题、同情、感情和决策。心理学家格林伯格（Greenberg）、威廉姆斯（Williams）和贝克尔（Baker，2007），将这一区域描述成"神经系统进化中引以为荣的成就……它将我们从墨守成规中释放出来，带我们走向文明、美德、创造和革新"，这是一个当我们的神经系统和情感达到平衡时，才能实现的目标。一些全脑学习的核心原则阐述如下：

---

[1] 罗杰·斯佩里（Roger Sperry）是大脑研究先锋。

[2] 奈德·赫曼（Ned Hermann）于20世纪70年代担任GE管理发展中心主任，是全脑模型（Whole Brain Model）的提出者。

[3] 额叶（Frontal Lobe）是大脑发育中最高级的部分，它包括初级运动区、前运动区和前额叶，位于中央沟以前。在额叶的内侧面，中央前、后回延续的部分，称为旁中央小叶。额叶负责思维、演算，与个体的需求和情感相关。

◎ 通过模式寻求意义。

◎ 情感是学习和记忆的关键。

◎ 学习由挑战促进，受威胁抑制。

◎ 学习包含有意识和无意识两个过程。

讲故事是如何协助学习过程的

回答这个问题前，也许应该首先领你回顾和思考一下自己童年时最喜欢的那些故事……英国广播电台最近进行了一次关于你最喜欢的睡前故事的民意调查，排在前十位的有《小熊维尼》《查理与巧克力工厂》《纳尼亚传奇》和《咕噜牛》等。可能还有一些其他的你收集的好故事，如《贝奥武夫》《蓝胡子》《海华沙》或者《哈利·波特》。但无论你的偏好是什么，从学习的角度看这些故事都很有趣地拥有一些共同之处。

在某些情况下，除非你有小孩子，否则你可能不会长时间地阅读和切实地思考这些故事。然而，一旦提起，很多时候你都能够几乎一字不落地，将你最喜欢的故事再重讲一遍。我想知道，同样的事情在电子邮件和短信中是否会发生？我们会不会在20年间总是对彼此说："天啊，我永远也不会忘记你在2010年给我回的那封邮件！"我个人很怀疑这件事。因此我们知道了，所有的这些故事拥有着和其他交流形式一样的共同之处，就是它们都很容易让人记住——在每天的邮件和信息被删除和忘却后，它们还能长时间地保留在我们的记忆中。美国心理学家杰罗姆·布鲁纳[1]（1990）研究了儿童思考的不同模式后，提出了"叙事思维"的概念，指出思维具备从事连贯性、行动取向思考的天赋。他记录道，相对于一组毫不相关的事实，我们大脑用故事的形式去记住它的速度要快20倍。因此，作为培训师，如果想让我们传达的信息在培训课程结束后，还能

---

[1] 杰罗姆·布鲁纳（Jerome Seymour Bruner，1915—2016），美国心理学家、教育学家，对认知过程进行过大量研究，在词语学习、概念形成和思维方面有诸多著述，对认知心理理论的系统化和科学化做出贡献。1962年获美国心理学会颁发的杰出科学贡献奖，1965年当选为美国心理学会主席。

够长久地被记住（有些我们自己都不记得了），我们就需要更了解这种特殊的交流方式。就像约瑟夫·鲁德亚德·吉卜林[1]所说："如果历史是以故事的形式被教授的，那它将永远也不会被忘记。"

通过模式寻求意义

所有故事的另一个共同之处是它们被定义为故事。一个故事必须具备这样的特质，它必须遵照我们知道的"故事地图"或模板。换句话说：

◎ 从前：开始。

◎ 然后有一天：故事里的一些事发生了。

◎ 关键时刻：危机、矛盾或挑战。

◎ 从此幸福快乐：一些解决办法、道理和学习机会。

无论是以上提到的传统故事，还是项目组中的成员对解决一个特殊问题的经历的讲述，这些都是故事，且结构都是一样的：我们在现行情况下遇到了一个男主角或女主角，发生了一些事情改变了现状，一些挑战出现了（要打败一个敌人或者要获得一个奖项），最后这场冲突有了解决办法（从传统意义上来讲，也不一定非得是一个圆满结局），男主角和女主角往往会回到故事的起点（但很自然地变得更老，或者更聪明，又或是更富有）。矛盾冲突在讲故事时并不是一个消极概念，它是故事过程中一个很自然的部分，当然如果要讲故事，它也是必不可少的。

当然，所有的规则都有例外。欧内斯特·米勒·海明威[2]曾说，他最好的

---

[1] 约瑟夫·鲁德亚德·吉卜林（Joseph Rudyard Kipling），英国小说家、诗人。主要作品有诗集《营房谣》《七海》，小说集《生命的阻力》和动物故事《丛林之书》等。1907年凭借作品《老虎！老虎！》获诺贝尔文学奖。获奖理由："这位世界名作家的作品以观察入微、想象独特、气概雄浑、叙述卓越见长"。

[2] 欧内斯特·米勒·海明威（Ernest Miller Hemingway），美国小说家。代表作有《老人与海》《太阳照样升起》《永别了，武器》《丧钟为谁而鸣》等，凭借《老人与海》获得1953年普利策奖及1954年诺贝尔文学奖。海明威被誉为美利坚民族的精神丰碑，对美国文学及20世纪文学的发展有极深远的影响。

故事是由六个字组成的，即出售、童鞋、全新。福斯特[1]强调，"国王死了，随后王后也死了"这就只是个事实，而"国王死了，随后王后因悲伤过度也死了"则是个故事。这两个例子都没有遵照以上给出的范本，但故事就隐藏在字里行间。奇妙的是我们的大脑，有领悟字里行间这些意思的能力。每当我将其中一个例子读给大家听的时候，都会得到听众同情的反馈。导致产生这种效果因素的当然并不是这六七个词本身，而是我们的想象力和内部对话机能运转，这使故事的前后联系得以确立并产生了一种与我们想象叙述有关的情感联系。

讲故事（和听故事）的过程不应被低估为一种学习活动，事实上，它是一个需要鼓励全脑运转的复杂的人类活动。左脑是模式探求者，大脑的这一边处理语言的连贯性，布置故事地图，寻找契合点（讲故事的基础技巧之一），分析人物和情节以及记住故事中出现的人物原型（第一部分中详解）。简单来说，左脑关注"什么"和故事的内容。而右脑关注"怎么样"和"为什么"，它把所有信息放在故事情节中，就像在做个拼图游戏；它处理宏观，使场景具体化，没有它，这些单个的词将变得没有意义。右脑带我们跳出惯性思维模式，它负责理解隐喻，更重要的是它会告诉我们，故事和我们有怎样的联系。

情感是学习和记忆的关键

> 如果作者没有眼泪，读者就不会有眼泪。如果作者没有惊喜，那么读者也不会有惊喜。
>
> 罗伯特·弗罗斯特[2]

它听上去似乎与上文中提到的模式观点有些矛盾，但当它不适用于常规或已知模式时，一个事件就会被存入我们的记忆银行。既然我们的大脑不能够应

---

[1] 爱德华·摩根·福斯特（Edward Morgan Forster，通称 E. M. Forster，1879—1970）是20世纪英国著名的作家，其作品包括六部小说、两集短篇小说集、几部传记和一些评论文章。

[2] 罗伯特·弗罗斯特（Robert Frost，1874—1963）是20世纪最受欢迎的美国诗人之一。他曾获得4次普利策奖和许多其他奖励及荣誉，被称之为"美国文学中的桂冠诗人"。

付一天中所进入的所有刺激，它就会剔除掉一些它认为对我们的生存不大重要的信息。任何被看作是未想到的，或不同情感强度的小说的输入信息，都会立刻引起我们的注意（故事和隐喻还会超越这种现象）。事实上，普通信息和故事最大的区别就是情感的融入——幽默、悲伤、气愤、好奇。当然，我们要感谢最初的讲故事者，因为他们用这种方式使叙述得到了进化。他们的作用，一是将信息从一个团体带到另一个团体，当然讲故事的时候是不能照着书上的文字念的。于是，他们发现自己面临着两个问题：

◎ 他们要想办法记住要讲的故事中的所有信息，以便给听众讲的时候听上去更可信。

◎ 他们要想办法将所有信息重新串联起来，以便听众们能够从中得到乐趣并记住。

讲故事的人发现（纯属偶然，就像发现大多数好主意的方式一样），故事中的想象越栩栩如生、丰富多彩、曲折离奇，故事中的信息就越容易被记住，听故事的人也就越容易理解和记住故事中的信息。因此，就有了会说话的动物、邪恶的女巫、巨兽、术士和巨人等离奇的形象。开始我们的大脑会说："你好……这是不对的。"过了一会儿，我们的思维会有些迷惑和好奇甚至是不平衡，直到我们开始接受和适应这个新形象。

以下人们在练习中的反应，进一步有趣地阐释了上述观点。我发现通常情况下，大家开始都会抵触——"你不能这么说"或者"那没意义"是我们经常听到的话——可是一旦人们理解和接受了"打破常规也没问题"时，想象力就真正开始起作用了。

学习活动

将20～30张卡片印成两种不同颜色且数目平均的名词和笑脸，将它们随意混合。例如，名词包括香肠、笑脸、汗毛、气味、文身；笑脸包括像……一样镇静、像……一样兴奋、像……一样疯狂。

让参与者们大声读出随意抽出的卡片——一个笑脸跟着一个名词，这样的话你就可以得出类似的结果，如"像汗毛一样疯狂""像笑脸一样镇静"。

我们学习中的大脑，往往对我们好奇的和感兴趣的感受，都能做出很好的回应（竖起我们隐喻的耳朵），并且很多全脑和速成学习专家十分提倡积极利用好奇心来激励学习。罗欣（Rossing）和龙（Long）（1981）是率先提出，将成年人的好奇心与学习的关系量化的学者中的两位。他们的研究指出，好奇心确实是成年人学习的一个重要因素，这归因于学员对信息价值的感知，与人们普遍接受的信条相反，这是学习不会随着年龄增长而消失的一面。从讲故事的层面看，在行动中很容易发现这个概念。先不考虑你可能要讨论的潜在的枯燥话题，而是要先保证吸引听众的注意力，你可以通过这样的方式开始故事：

◎ "不要告诉任何人，但……"

◎ "我不知道你知不知道，但……"

◎ "你听说了么……"

◎ "你永远也猜不到发生了什么，那时……"

讲故事者贝蒂·罗森（Betty Rosen）写道："我开始这个故事时的音调，就像是正苦苦挣扎着与别人分享一个有料的八卦秘密。"（罗森，1988）当然，不是所有的故事，也不可能所有的讲故事者天生就吸引人，这需要技巧和努力（第一部分讲故事中详述）。讲故事正在变得极受商业团体欢迎，但如果方法使用不熟练的话，就真的会有被看作是培训师或教练公事包里的又一个陈词滥调的风险。为了故事能够达到理想的效果，他们首先不得不在故事和听众之间建立起明显的联系，即使这种联系很微妙，然后再添加上一些能够激发他们情感和质疑，或动摇他们当前价值观和信仰的要素（兴奋、惊喜、冲突、危险、意料外的事件、一个怪异的角色、曲折或峰回路转的情节）。故事有它独特的力量将平凡与不平凡、世俗的与离奇的结合起来，这就吸引和刺激了全脑活动。《领导的秘密语言》(*The Secret Language of Leadership*，2007）的作者史蒂芬·丹宁[1]说：

> 故事从违背正常的、合法的和平淡的事情中获得力量，随之而来的是我们听到一个精彩的新故事时所产生的恐惧、好奇和兴奋。用这种方式，故事不仅在大脑的思维过程中吸引了听众，也植根于听众的情感世界。因此，它们对于思维和心灵同样具有吸引力。

学习由挑战促进，受威胁抑制

作为培训师，我们需要具有一定的敏感度，去了解哪些积极的挑战可能被学员感知，什么可以引发恐惧或忧虑。当威胁被察觉时，大脑实际上会起不同的作用（真实的或想象的）。它不大会通过上文中提到的较尖端的额叶进行思考，相反会利用人类最基本的思维方式（爬行动物脑干部分所残存的机能）进行。当这种情况发生时，人们的学习、理解和创造性思维能力就会一落千丈。在这种情况下，我们无法命令人们学习或强迫他们进行创造性思维。

用叙述的形式收听信息，实际上是在改变我们大脑的活动。研究显示，当我们听故事或者是从隐喻的角度思考时，大脑就发生了生化改变——皮质醇（应激激素）水平下降，同时免疫球蛋白A水平上升。换句话说，听故事可以使我们放松。并且故事可以帮助我们减少脑电波水平，从β状态（完全清醒有意识的思维）到α状态（完全放松的意识状态）。随后，这就可以帮助我们绕开我们常规的、分析的功能，事实上，我们变得对改变和新想法不那么挑剔了，并且更容易接受。

利用以故事为基础的活动，提供给人们放松的、学习所需的α状态，同时

---

[1] 史蒂芬·丹宁（Stephen Denning）在澳大利亚悉尼出生、受教育。加盟世界银行后，担任了各种管理职位，包括1990—1994年南非地区的总裁以及1994—1996年非洲地区的总裁。从1996到2000年，史蒂芬任世界银行知识管理的项目总负责人，在这里他发起了知识分享项目。2000年11月，他被评选为世界十大最受尊敬的知识型领导。从2000年起，他与美国、欧洲、亚洲和澳大利亚的公司合作，研究组织中的故事和知识管理。2003年4月，史蒂芬被评为世界最出色的200位管理大师之一。

通过娴熟的、有技巧的提问，让人们获得适当的挑战，以此来鼓励反思。在本书的第二部分，你会发现在每个故事后都有两个活动板块——"反思"和"话题"，这两部分的设计是帮助你将故事投放在商业环境中，使它们最大限度地发挥学习工具的作用，来激发挑战性和提高生产力。这两个板块利用了波顿（1970）、吉布斯（1988）、科尔布（1985）等人发展的关于反思模式的一些理论，目的在于考虑如下问题：

◎ "什么？"（故事传递的启示是什么？）

◎ "那又怎样？"（它对我有什么意义呢？我和这有什么关系吗？）

◎ "现在怎么办？"（我该如何利用这额外的知识与理解呢？）

学习包含有意识和无意识两个过程

相反，β状态（上文中提到的大脑活动的"活跃"水平）很适合我们的日常思考，它能够限制我们进入到思维的较深层水平，比如说无意识。一些研究人员提出，有多达99%的学习是发生在意识水平之下的。换句话说，学习时时刻刻都在进行，并不仅是在培训课程中和培训师讲话时。很多外围信号是在我们无意识的情况下，被感知并进入我们的大脑的，并且在我们无意识的情况下发生作用。学员们会记得他们所经历的事情，而不是他们所被告知的事情。研究员契克森米哈[1]（1990）建议，为了鼓励学习，学员要实现的最佳状态是：

◎ 高度鞭策——学员感到自己有足够的动力，并且认为学习是件值得的事。

◎ 减轻压力——在一种放松的思维状态下学习。

◎ 全神贯注——全身心投入，不受其他刺激影响。

---

[1] 米哈里·契克森米哈（Mihaly Csikszentmihalyi），美国的心理学家。"涌流理论"是米哈里·契克森米哈在其研究的积极心理学中的核心内容，随着幸福课的流行而逐渐受到关注。"涌流现象"是一种专注或沉浸其中的心理状态，很早就被人们在宗教、冥想、瑜伽、艺术、体育等活动中发现。契克森米哈认为，人是在做自己喜欢做的事情时才真正体会到长久的快乐，这与技能和挑战的匹配程度有关。涌流就是一种类似思如泉涌的感觉，人由于自身的原因而完全参与在某项活动中，此时自我意识消失、时光飞逝，每个行为、动作和想法必然会一步接着一步，就像爵士乐演奏一样，整个人都沉浸其中，且将自己的技能发挥到极致。

当我们听到一个讲得很精彩的故事时，我们会发现自己完全沉浸在故事的内容中，思维处于一种半催眠状态，心理学家称之为"叙事转移"（Narrative Transport）——我们可以根据故事种类真实地感受到悲伤、快乐或愤慨。我们可以和主人公产生联系，或希望他们幸福美满，或希望他们结局悲惨，这就要看他们是正面人物还是反面人物了。

隐喻：无意识的关键

> 如果一幅画相当于一千个词的话，那么一个隐喻就相当于一千幅画。
>
> 莱考夫和约翰逊，1980

一个隐喻就是一个比较，有时是两个看似不相关的名词之间的对比。它有时纯粹就是一种文学手段，但将它用到学习情境（培训或是训练）中时，隐喻就可以是一种描述情形、经历或问题时强有力和创新的方式，这种方式能够提供可选信息，帮助听众从一个不同的角度"再构造"和看待那种情形，并且提供给他们额外的（有时是新颖的）解决办法。

我们都会在自然和无意识的状态下使用隐喻，它们不仅会在我们每天的谈话中出现，还会出现在我们的思维和行动中。我们选择用怎样的隐喻来表达自己，会深刻地影响到发展自己的模式或对世界的了解程度。例如，如果有人将生活看作是一场战争，他们就不只会以那种方式谈论事物，事实上，他们过着与那种模式一致的生活。他们期盼着冲突，他们试图击败反对者，他们的工作是建立在有输有赢的前提下的。一个我培训过的总经理描述他在一个艰难的会议中，自认为精彩的表现时这样说："我鸣枪警示……我赢了……"我怀疑是否他的同事也有同样的经历。

对于培训师或教练来说，隐喻是一个有力的手段，可以用来提升理解力，帮助明确概念或鼓励学习和改变，以及提供"紧密度"。例如一个隐喻可以在你和学员之间，提供一种速成的、特有的语言。它也是一种有力的改变媒介，因为思想的无意识水平正在被激活，在此过程中，对新想法的抵抗和反对变得越来越少。

但是，在学习和改变的情境中没有万能的隐喻，认识到这一点很重要。对一个人有意义的隐喻，对另一个人可能并不"适合"，更糟糕的是，有时还可能是冒犯。你对隐喻的选择必须要顾及学员的文化、知识背景、语言和参照系等。最近，一个人力资源经理告诉我，一个出于好意的同事试图用隐喻来向她澄清一个事件时说："你看足球吗？"而她很坦率地回答："不看。"他不屈不挠地（很有可能是无心地）继续说道："那这就像是一场足球比赛……"这种迟钝的隐喻的使用对于学员来讲毫无用处。而培训师罗杰·格林纳威（Goger Greenaway）在英国一个关于给出反馈的培训课程中，所使用的足球的隐喻却起到了很好的效果。他说：

> 一组学员正在热烈地讨论着足球。也许他们对足球世界的了解超越其他所有。因此我利用了他们对足球的兴趣和他们对足球比赛的了解，设置了一个反馈环节。首先是指出赛场上不同位置所需的技巧和素质，然后他们要安排彼此的位置（身体上的），并给出他们为什么适合某个位置的原因……他们一开始，反馈的质量就深奥微妙得让人惊讶，比我让他们直接给出对彼此的反馈要多得多。

为学习和改变选择"恰当的"隐喻

如果你要向一个受训者或一组学员介绍一种隐喻，那么参与者应该能够辨别出他们的境遇和隐喻中的境遇有足够的相似之处，但也不能够太过相似，以至于太过明显而让人觉得不以为然——学员们如果认为其中有潜在的批驳，就会迅速地识破一个故事或隐喻。

起初一个比较奏效的手法，就是先听听这个人（如果在训练课程中）或小组成员在讨论过程中所说的话，引用他们的隐喻而不是介绍你自己的。我培训过一个高级销售主管，他面临的问题就是他的团队中有个总是盛气凌人的队员。他讲了一个关于果冻的隐喻，用来说明他现在所面临的问题："这个人的边缘可能被束缚住了，就像在一个果冻模具里，不能够被钉在墙上或被监视。"这个隐喻的使用，不仅给了这个销售主管更多应付困难或目前形势的自信，而且给那个已经变得非常沉重的主题，增加了些许幽默和轻松，并且为我们两个今后的培训课程提供了迅速的参考点，例如，"果冻今天的状态是什么？！"

下面的记录来自我和另一个从事医药行业的经理所进行的培训工作，他所得到的反馈是他的领导方式太过独裁。他对于这个主题非常敏感和情绪化，最初时甚至难受得无法表达。他讲了拼图游戏的隐喻概念。

问：你是什么时候意识到这个问题的？这是怎样一个问题？

答：它就像是丢了一块的拼图游戏。

问：告诉我关于那个拼图——它有形状吗？

答：有的，它是圆形的。

问：那它有颜色吗？

答：不完全有……是黑色。

问：那丢的那块在什么位置呢？

答：在正中间——是很大的一块儿（配合手势）。

在这个例子中，受训者发现用拼图的隐喻表达他的感受并没有那么困难，并且用这种方式能够继续必要的改变。切记不要把自己的感受强加到他人的比喻里。例如，在这个例子里，我很容易插一句："你能看到拼图的角落吗？"这样当然就会使受训者完全无法理解。对于培训师或教练来讲，你是否真的理解这个隐喻并不那么重要，重要的是能认识到这一点——如果这个比喻对于叙述者来讲有意义的话，那么你不必非得知道它的含义；在这个环节，重点是使过程发挥作用，而不是内容。

如果你想以这种方式用隐喻来鼓励学习和改变，你的作用就是用深入锐利的陈述和问题帮助学员（们）"解开"这个比喻，如以下6种。

◎ 描述一下……

◎ ……是什么时候？

◎ ……在哪里？

◎ 有多少？

◎ 谁？什么？

◎ 你看到、听到、感觉到什么？

如果你觉得时机合适，你可以尝试一种"再构造"。在这里，你尝试介绍一种全新的或稍加修正的隐喻，这个隐喻也许可以帮助学员从一个不同的角度看待情况。因此，在上面那个拼图的例子里，我会建议使用以下5种。

◎ 假如……

◎ 假如这个拼图形状是不同的呢？

◎ 假如这个拼图颜色是不同的呢？

◎ 如果中间的那块变小了会怎么样呢？

◎ 拼图上有图案吗？

很有趣，受训者第一次详细描述这个拼图后，转向我且几近半责难地说："这一切到底都是从哪里来的？"当然，我的答案很简单："你的无意识思维。"我们继续探究怎样才能够将丢失的那块变小，并且在接下来的几周里丢失的那块变得越来越小，这幅拼图也变得越来越完整——直到最后。

问：丢失的那块怎么样了？

答：（微笑）我现在才想起来——已经没有丢失的那块了。这幅拼图就像是一个色彩明艳的万花筒，每一块都完美地拼接在一起。

隐喻的局限性

作为培训师或教练，我们也应该意识到在学习情境中使用隐喻，并不是包治百病的"灵丹妙药"。不是所有的参与者都能"懂得"隐喻。事实上，一些人主动表示对这种"胡说八道"的厌恶，他们更喜欢用一种常规的、线性的和左脑的方式来解决问题。那么，由你决定它是否值得保留，或者介绍一种取代它的新方法——在什么情况下你应该用巧妙的方式介绍隐喻的概念，这实际上是一种用左脑的方式进行的右脑分类法。

我们同时也应注意到，隐喻提供给我们的是"片面的"认知。加里思·摩根[1]在《组织意向》(*Images of Organization*，1997）一书中警告道："隐喻以一种能够创造出强大认知的方法延伸想象力，但要小心失真。"换句话说，隐喻起作用的方式是鼓励我们看到事物之间的相似之处；但在此过程中，我们忽略和压制了不同之处。如果我的学员在拼图中看到了他领导方式的问题，那么他的思维就被以某种方式引导了，比如用拼图作为焦点，但它却掩盖了一些事实，那就是他的问题也可能是一个花园、一张纠结的网、一场象棋比赛或球赛。莱考夫和约翰逊（1980）建议：

仅仅以固定的隐喻形式来操作，就会隐藏现实情况的很多方面。似乎日常生活能够顺利进行需要的是隐喻的持续变换。

因此，我们最好用各种隐喻来使我们对隐喻胸有成竹。最常见的"喻体"（以隐喻的形式使之便于理解的概念）往往来自表 1-1 所示的范畴。

表 1-1 隐喻喻体

喻体	例子
人类的身体	事件的核心（Heart）
旅程和旅行	我们正沿着正确的方向（Right Direction）前进
游戏和运动	他到达一垒（First Base）
健康和疾病	我们生活在一个病态（Sick）的社会

---

[1] 加里思·摩根（Gareth Morgan）是著名经济学家、投资经理、慈善家。

续表

喻体	例子
动物	他是只狡猾的狐狸（Sly Fox）
建筑物与施工	我们已经打下了坚实的基础（Firm Foundation）
机器和电脑	硬要（Hard-wired）那么想
运动和方向	通货膨胀猛增（Soaring）
要素——热、光、冷等	让我们向他表示热烈的（Warm）欢迎

总结

◎ 培训师和教练应该适应当代企业的需求，最大限度地运用非正式的学习方法。

◎ 用故事分享知识，可以通过"最好的和最糟的"及"话题"来给活动归类。避免说"给我讲个故事"。

◎ 讲故事是利用大脑的左右两个半球进行全脑学习的一种形式。

◎ 故事包含有助于学习过程的模式和范本。

◎ 故事利用生动的想象，来引发情感并最终达到帮助学习和记忆的目的。

◎ 学习由挑战促进，受威胁抑制——证据表明听故事减少了大脑活动的水平，而巧妙的提问能够为激励创造性思维提供足够的挑战。

◎ 学习的过程包括有意识和无意识两个过程——并且故事和隐喻给无意识提供了强有力的方法。

◎ 你应该为你的学员选择最恰当有益的隐喻——与他们的世界观有关的隐喻，而不仅是你的。

◎ 注意隐喻也有局限性：不是所有的学员都能对它有反应。

◎ 隐喻提供了"片面的"认知和歪曲的事实。

第一部分 / 从前……

故事如何发挥作用

> "你不准……"很快就会被忘记，但"从前……"会永远被记住。
>
> 菲利普·普尔曼[1]

我们为什么讲故事

　　这个问题不好回答。表面上看，我们也许会说，讲故事或听故事仅仅是为了娱乐、教育和抚慰我们自己。但往深了讲，一个强有力的（并且越来越强）的证据表明，我们用故事的模式处理和接收信息远比其他形式容易得多，我们的大脑实际上与此种模式"紧密相连"。这种观点来源于哪里呢？

　　19世纪，德国人类学家阿道夫·巴斯蒂安[2]提出"人类心智一致性"（Psychic

---

[1] 菲利普·普尔曼（Philip Pullman）英国当代著名作家，毕业于牛津大学，曾任教威斯敏斯特大学，教授维多利亚时期文学与民间故事，目前与家人住在英国，专事写作，多次获奖。

[2] 阿道夫·巴斯蒂安（Adolf Bastian，1826～1905）德国19世纪的通才，对民族学和人类学的学科发展贡献极大。他也对当时的心理学发展有所贡献。他对美国著名人类学家法兰兹·鲍亚士的影响很大。他反对环境决定论，主张人类心智一致性。他试图证明习惯与信仰的变异是历史偶然事件的结果。

Unity of Mankind）的概念——这个概念指出，所有人类共享建立在同一个基础上的精神框架。这个想法随后影响了像西格蒙德·弗洛伊德[1]和卡尔·荣格[2]这样的心理学家。他们两人都持有相同的观点，就像人类天生的身体发育一样，从深层次讲，人类也有同样的心理构造或结构。他们还声称，我们有大量的精神活动都是在我们的意识水平之下进行的，并且他们对于梦的解析是（令人着迷的）潜意识向有意识的思维传递信息的方式。

同样研究梦的重要性的荣格，进一步探究了他的"意识原像"的观点——人物或行为的模型、样板存在于我们的潜意识中，并且暗示和赋予我们有意识生活新的含义。他说当我们做梦时，我们是在引入某种象征、形象和意念，它们代表了我们潜意识里的原型模式。他给了它们如下标签：

◎ 英雄——极力寻求实现梦想的人。

◎ 自己——力图完满实现个性。

◎ 阴影——人性阴暗和兽性的一面。

◎ 灵魂——女性能量。

◎ 仇恨——男性能量。

◎ 孩子——天真无辜。

◎ 圣人——知识渊博的智者。

他同时发现，这些相同的原像或样本存在于很多古典神话、民间传说和童话故事中。例如，在传统故事中很容易找到这样的角色，如《奥德赛》《贝奥武夫》《杰克与仙豆》或者《小红帽》。并且有趣的是，它们也会出现在较近代的故事里，如《达·芬奇密码》《指环王》和《阿凡达》。的确，有些人提出全世界的

---

[1] 西格蒙德·弗洛伊德（Sigmund Freud，1856—1939），犹太人，奥地利精神病医生及精神分析学家。精神分析学派的创始人。著有《梦的释义》《图腾与禁忌》《日常生活的心理病理学》《精神分析引论》《精神分析引论新编》等。

[2] 卡尔·荣格（Carl Jung，1875—1961）瑞士心理学家和精神分析医师，分析心理学的创立者。早年曾与弗洛伊德合作，曾被弗洛伊德任命为第一届国际精神分析学会的主席。

故事不论时期都只有七个基本情节，作家克里斯托·弗布克[1]就是倡导者之一：

> 实际上没有哪类故事……不是本质上来自同一个根源，不是由同样的原型规则和同样的通用语言塑造的。
>
> 布克，2004

尽管荣格鉴定了梦境与故事之间的相似性，因为它们都源自同一原型，但近期有学者如约瑟夫·坎贝尔[2]和布鲁诺·贝托汉[3]也指出了它们之间存在差异。尽管我们可能意识到这些原像在我们梦境中的存在，但我们无法控制尚未揭晓的剧情，并且很多时候，我们梦境的结局并不令人愉快——事实上，如果我们过早醒来，它们经常根本就没有"结局"。但是在故事中，当我们无意识的思维与这些被人们广泛熟知的象征性的角色发生联系时，我们的有意识思维就拥有更多控制故事模式的感觉。布鲁诺·贝托汉在《着迷的作用》（*The Uses of Enchantment*，1991）中写道：

> 梦境是内心压力得不到释放的结果……童话故事正相反，它表达出所有压力的释放，它不仅提供了解决问题的办法，而且承诺会找到"快乐的"办法。

因此，听故事可以借鉴给梦境中解决不了的问题或事件以乐观的注释；故事可以让听众抱有希望，并且事情可以向更好的方向发展；梦境留给我们的是不安和迷惑的感觉。这两者之间的另一不同之处是，实际上在我们梦境中出现的原像，被约瑟夫·坎贝尔称之为"个性化的神话"（Personalized Myth）。换句话说，它们经常被我们生活中特定时间所发生的特别的事件歪曲，相反，故事

---

[1] 克里斯托·弗布克（Christopher Booker）是英国记者和作家。

[2] 约瑟夫·坎贝尔（Joseph Campbell，1904—1987）美国研究比较神话学的作家。

[3] 布鲁诺·贝托汉（Bruno Bettelheim）儿童心理学家，在其著作《着迷的作用》中专门讲述了童话故事的力量。他说一个故事要吸引孩子，就不仅能让孩子们感到愉悦，还应引起他们的好奇心。

更容易接近所发生的一切：

> 在梦境中，形势会因做梦者独有的烦恼而急转。相反，在故事中所呈现的问题和办法对所有人来讲都是直接可用的。
>
> 坎贝尔，1993

当复述我们自己的梦境时，对于那些我们要与之分享的人来讲，它们可能没有任何逻辑意义，有时它们甚至对我们自己的有意识思维也没有任何意义。而讲故事却老少皆宜，所有听故事的人都会以某种方式、以不同程度和故事产生联系（有意识的和无意识的）。近年来，像布克这样的作家们继续探讨着这个观点，以及与梦境相反的故事的可及性：

> 用来规范故事的原像模式，提供给我们一个相对于从梦境中获得的更加具体的人类无意识成分的画面。它们展示给我们所有的原像，作为动态过程的一部分是如何组合在一起的。
>
> 布克，2004

对于这些普遍模式的鉴别，也许可以在某种程度上帮助我们回答那个在故事与民谣间萦绕良久的问题，那就是为什么在环球旅行与世界交流之前就有那么多相似的故事出现在世界各地。民俗学家的报告称，自9世纪中国的《叶限》[1]最初问世以来（也是崇尚小脚的一种解释），有大约1000个"灰姑娘"的版本广为流传，尽管它们问世较晚。法国的灰姑娘、德国的灰姑娘、日本的灰姑娘，故事的

---

[1]《叶限》是唐代段成式（约803—863）所撰笔记小说《酉阳杂俎》续集《支诺皋》。叙述秦汉前南方一个洞主的女儿，名叶限，幼年丧母，从小聪明能干，得到父亲的钟爱。父死后，继母对她百般虐待，并杀害了她精心饲养的一条鱼。叶限得到"自天而降"的神人指点，将鱼骨藏于屋中，"金玑玉食，随欲而具"。在一次地方的节日活动中，叶限瞒过继母，穿上翠鸟羽毛编纺的衣服、金银丝线做成的鞋子也跟着去参加。因被继母及异母妹察觉，仓促逃离，遗下一只金鞋。这只金鞋为邻近海岛上的陀国主得到。他派人到拾得鞋子的地方让所有的女子试穿，终于找到了叶限，于是带着叶限和鱼骨回国，并封叶限为"第一夫人"，而叶限的继母和她的女儿们都被飞石打死了。叶限被称为中国版的"灰姑娘"。

基本样式或原像都是一样的，即无辜的女孩（孩子）在仁慈的仙女（圣人或大地母亲）的帮助下，战胜了她邪恶的继母（幽灵），与英俊的王子（英雄）喜结良缘。

因此，故事对于我们来说有种独特的交流能力，它用通用的语言符号穿越时间与文化，在我们的无意识思维中发挥作用，并同时占据了我们的有意识思维。故事有时能够穿过有意识思维的抗腐蚀层，这是它们作为影响与改变的工具能够奏效所具备的品质之一。

孩童时的故事是如何影响我们至今的

那些原创的童话、神话和寓言，远不只为现今孩子们提供经过"消毒"的卡通版本，它们还有着严肃的目的——名义上是告诉孩子们生活的艰难，实际上是没人要的孩子会被领到树林里，然后丢掉，要预见一路上的困难和障碍，并学会如何用最好的方式来战胜它们。很多传统故事提到了巨大的勇气，并指出如果你准备好迎接挑战，那么你就能够克服困难并取得胜利。

故事总是被用作教学工具——它们用来指导我们的道德准则和价值观，如正直、诚实和无私。尽管有关这些价值观和感知美德中的一部分，也许随着时间的推移已经改变了，但讲故事作为一个工具来影响人们的作用始终没有变。例如，著名的希腊神话"潘多拉的魔盒"[1]原来是用以警告女性不要太好奇，不要大胆质疑丈夫的行为或动机（无论有多奇怪）。尽管这个特别的教训，在今天这个倡导平等的世界是不被接受的，但被有些人遗忘的故事的"圆满结局"才是永恒的启示，那就是尽管这世界有种种问题，我们都应始终抱有希望。

毫无疑问，我们孩童时听的故事对我们有巨大影响，我们从这些故事中学到的核心价值，往往伴随着我们直到长大。我在培训工作室遇到的很多参与者

---

[1] 潘多拉（Pandora，希腊语为 Πανδρα，也译作潘朵拉），希腊神话中火神赫淮斯托斯用黏土做成的地上的第一个女人，众神亦加入使她拥有更诱人的魅力。作为对普罗米修斯盗火的惩罚，宙斯将潘多拉送给了他。根据神话，潘多拉出于好奇打开一个魔盒，释放出人世间的所有邪恶、贪婪、虚无、诽谤、嫉妒、痛苦等，当她再盖上盒子时，只剩下希望在里面。

讲述了他们记得的童年时的故事，以及这些故事是如何影响他们（尽管在潜意识里）和他们成年后的生活的。例如，儿时最喜欢的故事是《迈达斯国王与点金术》[1]的小男孩，长大后成了投资项目经理；有位年轻女性，幼年丧母，父亲再娶了有成见又冷漠的继母，她把自己（和她的生活）看成是"灰姑娘"。有个培训师将《皇帝的新衣》看作对他最有影响力的故事，他的主要激情就在于在工作中保持透明和正直。

因此，故事可以规划我们成年后的生活并且使其更有意义；同样，记忆中小时候对这些故事的反应，是一个有益但却简单的练习，能够辨别出你的核心价值观并将它们带入你的意识。

学习活动

与一个学习搭档一起定义你们童年时记得最清楚的故事——它们可以是一个最喜欢的故事、神话或者寓言，一个经常讲的睡前故事，一个连环画或者杂志，一个电视或广播节目，然后仔细考虑以下问题：

◎ 你为什么记得这个故事？

◎ 这个故事揭示给你的价值观、原理或道理是什么？

◎ 今天你是以什么方式实现这些价值的？

也有证据表明，相对于自己阅读，听别人讲故事往往会人们产生更大的影响。讲故事的父母、老师或亲人会被看作是认可和相信道德，或者推荐故事中的行为的人，而不仅是一个不露面的、不认识的作者。在企业里讲故事也是一样，当我们作为培训师、教练或经理，给团队讲故事时，我们被看作是认可潜

---

[1] 古希腊神话中小亚细亚洲的佛里吉亚国曾有一位声名远扬的迈达斯国王。他非常富有，不幸的是，他的贪得无厌使他失去了理智。国王迈达斯极其渴望成为世界上最富有的人，酒神来到国王迈达斯的宫殿答应实现他的一个愿望。贪婪的迈达斯不假思索地表示，他想拥有点物成金的本领。酒神实现了他的愿望。自此迈达斯所触及的每一样东西都会变成黄金。迈达斯在他的宫殿转来转去，兴高采烈地把他能碰到的东西都变成黄金。由于点石成金的本领，他触及的食物，都变成了金子，而无法进食，他甚至把自己的女儿变成了金子。于是他后悔了，祈求酒神收回这个本领。

在的价值观的,并且很自然地与之联系起来。这就是我们在现代学习情境中为什么要慎重选择故事的原因。同时你的讲述听起来必须是真实可信的,即便这个故事不是你的亲身经历。自己读故事可能是一个孤立的经历,反而和别人一起听故事就有连带反应。我组织过很多以故事为基础的活动作为团队离开那天的板块,并且发现了额外的长效利益,因为参与者们从故事中达成共识,这种共识会在培训结束后的日子里长久地伴随着他们。

故事 VS. 事实与数据

> 告诉我一个事实,我会去学习。告诉我一个真相我会去相信。但给我讲个故事,我会永远把它记在心中。
>
> 印度谚语

几个月前,我听了一个与创新的领导概念有关的演讲,但关于这个演讲的更多细节,我就说不出来了,因为事实上我根本不记得了。这个讲演是一位年轻女士做的,非常地干净利落,这位女士的演讲就是借助大量、持续不断的幻灯片,在上面罗列了大量的据说让人印象深刻的事实、数据和百分比。当我第二天开始回忆这个讲演的时候,除了一部分作为显著数据被提及的49%和51%外(我记住它们是因为我想知道它们是否会有所增长),我发现我根本不记得其他更多的内容。很显然这次讲演对于演讲的人来讲是很重要的,但对于她试图要影响的观众来说,这次讲演并没有得到必要的重视。

奇怪的是我却记得观众席中坐在我旁边的那个小伙子,在讲演开始前给我讲述的关于他作为自由商业顾问,是如何充满热情地帮助小企业成长的故事,以及他怎样在一家小企业遇到问题,那家企业的人们不理解他为了促进企业成长所付出的努力的经历。他很遗憾自己缺乏人际交往的技巧,没能够用一种他们能接受的方式将信息传递给他们。

我随后注意到,这两件看似琐碎的事件是非常具有启迪意义的,并且不是没有联系的。这两个人看似都缺少什么——第一个是缺少讲演的风格，第二个在自述中缺乏与人沟通的能力。他们两人都有一个很重要的信息想要传达，但只有一个人用我能联系得上又感兴趣的故事形式，给了我信息，并且非常显著，那就是我记得的事件。很有可能这也是他们两人，在试图与他人建立联系和对他人产生影响时所缺失的一环。

2018年上半年，我为一组零售企业的总经理开办了一个讲故事大师班。在培训班开班前10天，我给参与者们发了一个"预告片"，让他们在百忙之中认真考虑以下这两个题目。

阅读并思考这两则故事

第一则

近期，澳大利亚做了一项研究，让人们评价自己在企业生活中，对积极和消极故事的认知。有趣的是，相对于积极的故事，人们更倾向于察觉消极的故事。24.1%的人说他们在很大程度上会察觉到积极的故事，而对应41.5%的人称对消极的故事有相似的察觉。

第二则

我不管什么时候看到那条项链都会喜上眉梢。为了奖励我自己工作上的出色表现，我在旧金山买了它。昨天晚上我用我所有的饰品盛装打扮，包括那条项链，我租了辆豪华轿车，之后去了剧院。司机说他认为我看上去应该是那种一贯坐豪车的女人。至少我认为他是这个意思——他离我很远，也可能是我听错了！

一天我提醒他们预告片的事，问他们都还记得什么，如果还能记得些的话（并且不许再看）。也许不奇怪，大多数人说比起第一个故事，他们更容易记得第二个故事。当问到原因时，大部分人的回答是它能使他们发笑，他们能够想象那个人坐在豪华轿车里的画面（后来我透露那个人就是我），并且它激发了他们的某种情感。换言之，这个故事以某种方式影响了他们并随后被他们记住，而事实和数据却没有做到。

是不是这就意味着我们在演讲和培训课程中，就不能引用事实和数据呢？不，当然我们必须利用相关的内容、信息和充分的论证。否则这会让每个从事金融行业的人不寒而栗。但我们需要意识到，仅仅是这些工具并不会必然地和机械地影响一个人，使之采取行动或改变想法，事实上仅仅用论证轰炸和事实质疑，常常会导致人们更加坚定原有立场并确信自己的观点。

> 讲故事不能取代分析性思考。它通过使我们想象新观点和新世界，来补充分析性思考，并且它很理想地适用于交流改变和激励创新。
>
> 丹宁，2005

21世纪信息是廉价的，无论我们是否想要得到它，它都是现成的。多亏了互联网和其他高科技电器，全世界的信息我们几乎都了如指掌。但事实是信息如此易得，这同样也使它贬值，并且我们发现自己对此不知所措。因此，我们最终需要的是更多的事实。实际上我们需要使事实变得有意义的帮助，将事实放到一个有意义的框架中，让我们吸收并付诸行动。安妮特·西蒙斯（Annette Simmons）在她的书《说故事的力量》(The Story Factor，2006)中写道：

> 人们几乎不会因为没有掌握全部的事实，而做出糟糕的决定。之所以做了糟糕的决定是因为人们忽略了事实，不理解事实或者没有足够重视事实。更多的事实不会帮助观点的改变，然而故事可以。故事能够帮助（他们）理解所有事实的意义。

丹尼尔·平克（2008）谈到故事时说，故事的实质就是感情丰富的情境。故事通过鼓励我们将事实看作是一副放大的、色彩斑斓的图画，来增益我们的理解，这个过程有时被看作是"具体化"的过程，例如能够联系真实、具体的例子，使一个复杂的概念有意义。

如果你的角色是产品和技术培训师，你可能会考虑："我如何才能将这个技术性数据转化成故事的格式呢？"我承认这是一个挑战，但还有希望，这本书中的观点会帮助你仔细思考这个过程——当然从学员可以获得积极和长远影响的方面看，这也值得付出更多的努力。就像本章开始时那个印度谚语讲的那样，"给我讲一个故事，我会永远把它记在心中"。

《美国科学》杂志在2006年描写的一个有趣的实验发现，像"事实"这样的标记信息，实际上鼓励了听者的批判性分析，反而像"小说"这样的标记信息会起到相反的作用——它更易于被人们相信。我已经很多次在培训室发现，可怕的角色扮演练习所包含的内容，经常因为不真实和有加工痕迹（尤其是当参与者们没有将它表现得很好时）而被驳回。相反，同样的批评在我讲故事或者引用故事为活动主体时，从未出现过——即便故事显然是完全不真实的，尤其是传统童话和寓言。我认为区别在于，故事没有假装建立在现实基础上，反而大多数的角色扮演活动却都需要假借在现实基础上。这些事件告诉我们，人们的思维更乐意在"听故事"的模式下接受观念，而不是在分析或评判的模式下。

如何用故事达到影响、激发和调动的目的

> 据我所知，没有生活能与纯粹的想象相比；活在想象里你会得到自由，如果你真希望那样的话。
>
> 吉恩·怀尔德[1]，电影《查理与巧克力工厂》
> （Charlie and the Chocolate Factory）

如果我们只需告诉人们做什么，那么生活不就变得简单了吗？我们可以说"你就是要做一个更好的经理"，或者"我已经解决了你的问题，而你需要增加营业额"。但我们都知道生活没那么简单，并且影响他人并使之做出些改变，也没那么直接。如果那么容易的话，我们为什么不采取和实行那些建议呢？不想

---

[1] 吉恩·怀尔德（Gene Wilder）著名演员，就读于爱荷华大学时，开始学习戏剧并参加夏季剧团演出。后考入英国著名的老维克戏剧学校，回美国后以教授剑术为生。

太贪心吗？为什么我们听《迈达斯国王和点金术》的故事时会更有力量呢？

之前我不得不去给我的喉咙做个检查，这需要我吞下一个很长的金属试管。坦率地讲，等待做检查的过程就如同等着别人砍掉我的头一样。一个出于好意的朋友前一天给我发信息说"现在你所要做的一切……就是……放松"。确实这样说很明智。我回信道："谢谢。怎么放松？"并不是我缺少采取她建议的动力，只是我所面临的恐惧，使任何放松的想法都成为不可能。糟糕的是她的话并没有通过引导或说明，达到她预期的效果，在我那过度活跃的、消极的大脑里它们什么作用都没起。

故事通过和我们的情感产生共鸣来发挥作用

当我们聆听故事，或者与故事或隐喻形态下的信息产生某种联系时，我们的想象和情感就会对生活产生振动。我们开始在脑海中勾画那些场景和人物的画面，并且之后会讲给我们自己一个附属的、几乎类似的故事，这个故事与我们自己有独一无二的联系。正是这种与我们情感共鸣的"内部叙事"，吸引和激励了我们采取行动。当我们被要求以某种形式做出改变时，经常出现的习惯性障碍并不那么活跃。并且这些大多发生在我们的潜意识中——我们甚至都意识不到我们被影响了。作为培训师或教练，我们可以巧妙地结合以下的短句来帮助这个过程的实现，例如：

◎ 你能想象得到吗？

◎ 你能够看到的是如何……

◎ 假如……会怎么样？

◎ 试想，如果……

使用这类的短句来邀请倾听者想象一下未来的情景，但要让他们用自己的方式解读它。换句话说，他们感觉到的是他们（而不是你）创造了未来，并因此会拥有它和保护它。彼得·K. 佩特洛娃（P. K. Petrova）和罗伯特·B. 西奥迪尼（R. B. Cialdin）（2005）所做的研究也发现，构想所做建议的难易程度，会影响听者采取行动的意愿程度。因此，使听者越能容易地想象出发生改变或采取某种特殊行动的过程，他们越有可能接受它。如果我那出于好意的朋友能够建议我将那个入侵的试管，想象成沾冰冻果子露的、松软的甘草枝的话，或者帮我勾画出一个异域风情的场景，假如我正悠闲地躺在吊床上摇摆，那个塑料吸管而不是试管直接伸进一杯凉爽的冰镇果汁朗姆酒的话，这就足以刺激我从现实情况中转移注意力，并调整我的身体转到放松模式，如降低心率、保持正常呼吸频率等。对于那些想要知道故事结果的人，我可以告诉你们，因为我被麻醉了以至于从未看到也不记得插试管的事，而之前所有的担心也都是多余的。

故事的力量来源于亲和力

故事可以教育我们但它们并不唠叨，它们提供建议却不会摇晃审判的手指。它们是一种影响他人、干预改变的微妙又不具攻击性的方法。它们仅仅描绘情况，提供方案或给出建议，然后它们会说："你怎么认为？你来决定该怎么办。"用类似的方式，NLP[1]学院的学生们也许可以在小组中使用"隐晦命令"[2]，如"你也许可以考虑下这个……"。在这里使用一个故事显然不会带来什么阻力，因此听者更愿意接受和按照故事传递的潜在信息（积极地）行事。

作为一名培训师或教练，你不要指望影响那些认为你在使他们犯错的人——我见过（或者不情愿被卷入）很多次。在一些程序化的培训或训练中，他们是以"你所做的是错的，我会告诉你怎样做才是正确的"作为前提的，这就是证据。团队里的人当然会对你所说的感到反感，无论那听上去多么的具有战

---

[1]NLP（Neuro Linguistic Programming 的缩写，译作"神经语言程序学"）是20世纪70年代美国加州大学圣塔克鲁兹分校的理察德·班德勒（Richard Bandler）和语言学约翰·葛瑞德（John Grinder）共同创办的，是一种沟通、个人发展的技术和方法。NLP的原则指出人是身心合一的系统，存在着"神经程序""语言"及"习得的行为策略"三者的一致，模式性的连接。带着"帮助人们过得更好，更饱满和富硕的生活"的目标，这种创新和实用的方法论已被广泛应用于精神疗法，教育，销售和商业，培训和人事招聘，职业发展和个人发展中。

[2]隐晦命令（Embedded Command），将一个潜意识命令，放入一句话中，制造不为人知的话中有话。可以超越任何的心理防线，直接影响别人的潜意识。

略性和合理性。在更大规模上，政府试图通过两种方法来影响公众——惩罚和压力（你不能那么做），或有罪胁迫（你应该这么做，因为这对你有益）。然而，这两种方式的作用都是有限的。

对一个团队表示同情是更加有效的战略，是承认甚至尊重当前的形势，然后再通过故事、隐喻或类比去改变他们的想法。这的确不是一个新观念，著名的管理专家马基亚维利[1]当时就了解这个概念。他在1513年著成的，但在1532年他死后才出版的《君主论》[2]一书中写道：

> 渴望或尝试改变一个国家并希望能够被接受的政府，至少需要保持旧形式的外貌，以便人们不易察觉到变化的发生……

使用精挑细选的故事，并不会消减团队坚信的所有观念。相反，它鼓励了一个首先将新想法和旧想法结合，然后再"结构化"的过程，例如建立可以被概括和应用到其他领域的新的学习结构。如果我们想要影响他人并使之改变，我们最好花些时间准备，找出以前发生了什么，之前的运营策略是什么，什么曾被看得很重。换言之，就是"背景故事"。这样的话，我们就不会因为疏忽而使之前的行为看上去愚蠢，鼓励我们的听众推翻他们之前的决策，也就不会觉得丢脸。我们可以通过使用像"学习历史"这样的研究技术，来引出背景故事信息（第一部分学习历史中会有详述）。

故事带来的改变是循序渐进的，它们用这样的方法说服人们。首先在听众的世界与之见面，然后亲切地引导他们，并最终在观念上达成共识，而不会引

---

[1] 尼可罗·马基亚维利（Niccolò Machiavelli, 1469—1527），是意大利的政治哲学家、音乐家、诗人、浪漫喜剧剧作家。他是意大利文艺复兴中的重要人物，尤其是他所写下的《君主论》一书提出了现实主义的政治理论。

[2]《君主论》（意大利语：Il Principe）是意大利文艺复兴时期作家马基亚维利的政治论著，对后世影响很大，所谓"马基亚维利主义"正由此书衍生出来。迄今470多年，从西方到东方，在20世纪80年代仍被西方一些舆论界列为当代最有影响的世界十大名著之一，也曾被《纽约时报》评价为与《国富论》《物种起源》《资本论》等同为影响人类历史的20本书之一。

起任何的抵触。"说服科学"专家罗伯特·西奥迪尼（2007）通过古谚语来向我们描述了这个过程，"骑马的最好方法就是沿着马跑的方向走。"接着他说："如果一味试图让马沿着你希望的方向走，很快你就会精疲力竭，而且你很可能让马在这个过程中感到沮丧。"

故事让我们"再构造"

尤其在遇到困难时，人们很容易陷入惯性思维，绝望可以成为一种习惯。故事和隐喻可以使一个人或一个团体脱离这种状态，让他们振作起来并用一种不同的、更加积极的方式看待事情，这可能是一种他们以前从未想过的方式。有时也许可以采用一种简单合理化过程的形式（像在第二部分的故事"狐狸与葡萄"中那样），我们被鼓励通过说服自己去应对令人失望的结果，那是不值得的。在其他形式下，故事还有可能激发一种全新的思维方式。

用故事和隐喻加速生理愈合，已经是一种得到充分验证的方法。伯明翰皇家骨骼医院的骨骼肌肉专家格雷厄姆·布朗医生，每年免去了很多有需要做脊柱外科手术病人的不安。他说："我告诉用电脑工作的病人们，我已经检查过他们的电脑硬盘了，并确定它运转正常，但软件中毒了，需要被删除再用一个新的更有利的程序取代。"这使布朗的病人们能够很容易联想到画面，这让一种可能受创伤的情况显得有些幽默和轻松，是一种不同的处理方式。

此前我曾应邀培训一个年轻的研究员，我们叫他乔，他生命中的大部分时间都活在一种对他伤害极大的害羞中，这抑制了他的前进。下面是我如何用一个他已经很熟悉的故事，来再构造他的害羞的过程：

我偶然发现乔十分热衷玩战争游戏。事实上，他很强烈地仿效他最喜欢的两个角色——高崔客（一个相貌相当可怕的战士）和一个叫作菲利克斯的小矮子（高崔客的"记忆者"，他答应记录下高崔客所有的英雄行为，包括他的死亡）。菲利克斯很快就能认出杀死高崔克的人和事物，并十分确定他们还会再杀害他。因此，他的作用就是尽量保护高崔客。在培训过程中，我们用这两个角色作比喻来探究乔性格中的两面——胆大武断、胆小害羞。乔这些年一直尝试战胜害羞,但却没有意识到,他越投入这场战斗,他的"对手"就变得越强大。通过使用这个比喻,乔最终意识到他不需要一直和害羞作战。当他学会接受它,将它作为自己有用的、起保护作用的一部分,害羞自然就消失了。

故事提供证据并增进信任

> 誓言!誓言!我讨厌誓言,别谈论天上燃烧的星星;如果你爱了,让我知道!告诉我没有被欲望填满的梦想;如果你燃烧了,让我知道!
>
> 伊莉莎·多莉特[1],电影《窈窕淑女》

2009年,领导与管理学院联合《今日管理》(*Management Today*)进行了一项调查,来分析英国企业同一层面的CEO们、基层负责人和员工之间的信任水平,调查的前提是"领导力与信任之间有独一无二的紧密关系,缺了一个,另一个毫无意义"。换言之,领导者不可能指望对其下属产生影响,除非后者感到足够放松、自信和信任,以及被信任。调查结果显示,CEO们的平均信任指数得分是59分(0分是完全没信任,100分是完全信任)——规模稍大的企业信任水平也随之相应地下降,那些负责大型公共部门企业的(1000名员工以上)得分最低。

报告得出结论,为了培养信任,高级管理者必须首先证明自己作为领导的能力,其次表现出高度的正直。毫无疑问,一贯的行为表率是建立信任最有力量的方式。但你如何确定你的同事得到了正确的信息呢?我们都已开始意识到"偏见"的消极内涵。仅仅告诉人们你有多好,可能会短暂地保持你的形象,同样在简历中声称"我很诚实和值得信任",也许可以帮你完成面试中的第一步。

---

[1] 伊莉莎·多莉特(Eliza Doolittle)好莱坞著名女影星,主演电影《窈窕淑女》(*My Fair Lady*)。

但如果你真的想让别人确信你是可以信赖的,那你最好不要这么公开地、直接地散播你的优秀品质,因为你可能只会引起怀疑并对你所争取的人起到相反的作用。Gen-i[1] 的总经理克里斯·奎因说:

> 通常管理层说的话都会被怀疑。要绕过陈词滥调,找到真东西,就需要找对故事。
>
> 克里斯·奎因,2006

因此,如果你被任命为一个新团队的领导者,或者被提升到一个高级职务,养成引用故事的习惯,用故事来暗示你觉得自己拥有的优秀品质,并让你的同事得出与你一致的结论。巴拉克·奥巴马2009年9月在佛吉尼亚州的阿灵顿向学生致辞,传达了十分有力量的信息,巧妙地暗示了他许多的个人品质:

我知道对于你们当中的很多人来讲,今天是校园生活的第一天。而对于早已上幼儿园,或者中学、高中的人来讲,今天是你们来到新学校的第一天。因此,如果你们有些紧张的话那是可以理解的……不管你上几年级,你们中的一些人很可能希望现在还是夏天,你们早上还可以在床上多睡一会儿。我了解那种感觉。我小的时候,曾和家人在印度尼西亚生活过几年,那时我母亲没有钱送我去所有美国孩子都去的学校。因此她决定亲自教我些额外的东西,周一到周五早上4:30开始。到现在我都还是不喜欢早起。很多次,我就在厨房的桌子上睡着了。但是每当我抱怨时,我母亲就会露出同样的表情说:"这对于我来讲也不是野餐,小鬼。"

现在我知道能上好学并不总是那么容易。我知道你们中的很多人,现在正面临着生活中的挑战,以至于不能专心于你们的学业。我了解,我明白那种感受。我父亲在我两岁的时候离开了家,我是由一个单亲母亲抚养长大的,她曾挣扎着支付账单,也总是不能给我们其他孩子都拥有的东西。曾几

---

[1] 新西兰电信的一个子公司。

何时我想要生命中有个父亲,曾几何时我感到孤独,觉得自己不合时宜。所以,我总是不能专心在我应该做的事情上。我做了一些并不能引以为荣的事,并惹上了更多本不应惹上的麻烦。我的生活本就容易变得更糟,但我很幸运,我得到了很多第二次机会,并有机会上大学,读法学院,追逐我的梦想。

从这段摘要中我们能得到的结论是,奥巴马:

◎ 出身贫穷。
◎ 有一个支持他的母亲。
◎ 在学习上顽强、守纪律。
◎ 学习时间很长。
◎ 重视教育。
◎ 尊重并承认他母亲的付出。
◎ 感到孤立无援和不合时宜。
◎ 惹麻烦。
◎ 能够把他所讲的和学生们的感受联系起来。
◎ 为抓住得到的机会而努力工作。
◎ 读法学院。
◎ 为自己设立目标和梦想。
◎ 在逆境中取得成功。

奥巴马没有采取说教的方法,说"我在学校表现得很好,所以你们也应该这样",而是首先花时间和听众建立密切关系,让他们能够和他产生共鸣。奥巴马通过讲演暗示了他的个人品质,而没有简单地把这些讲出来或读出来,因为那样会使它们看上去像乏味的个人简历。我们更容易让那些我们认为像自己或至少与我们的经历相似的人影响我们。

因此,领导者为了能够建立信任,当然,培训师和教练也需要建立信任,结合下列内容,整理一个自己的故事集是非常有益的(记在自己的脑子里就行):

◎ 你是谁，你代表谁。

◎ 你是如何发现这些品质的。

◎ 举例证明你的这种品质。

◎ 你生命中这种品质得到验证的时刻。

◎ 你生命中教会你这种品质重要性的人或事。

◎ 你没能遵守自己的原则并决定再也不会让它发生的时刻。

史蒂芬·单宁（2005）建议"给他们描述一个以上你生命中的转折点，可以使听众进入你的生活，分享你的生活，经历你所经历的，这样他们就能亲身体会你是怎样的人"。像暗示你的优秀品质一样，人们也愿意将他们的领导者看作是一个真实的、人性化的人，当然这意味着暴露失误——用奥巴马承认"惹麻烦"的方式。罗伯特·西奥迪尼（2007）发现：

> 简历中包含的只有优势介绍的申请者，与那些在简历中开始描述优点前先突出缺点或些许局限性的申请者相比，被邀请参加面试的机会更少。

这个方法暗示的品质是——"我不是非得告诉你这个不可——因此你知道我是诚实的。"

我在会议上发言时经常会告诉参与者我发言所需的时间，争取做完美女士（始终尝试）。我记得仅仅当我被一个桌腿绊倒，或压着嗓子说忘记了带小型麦克风时，我才与听众产生了密切联系，"哎呀，不中用！"——这赢得了意想不到的来自听众的掌声。那时我以为他们就是在嘲笑我的失误，但我之后仔细考虑才意识到，他们之所以鼓掌是因为我展示出我人性化的一面。我通过我的行动告诉听众，"我像所有其他人一样……当然不完美"。这种自我揭露不仅帮助我和听众建立起密切关系，还鼓励了我与听众间的互相揭露。

总结

◎ 心理学家说，我们以故事的形式接受"硬要"接受的信息，比起只是听事实和数据要容易得多。
◎ 我们儿时听到的故事影响我们直到今天。我们从听到的一些故事中，获得我们的价值观和信仰。
◎ 故事不会取代分析性思考，它们补充分析性思考。
◎ 用故事的形式记住信息，比仅仅用事实和数据容易得多。
◎ "事实"这样的标签信息鼓励批判性思维，而像小说这样的标签信息，却有与之相反的作用。
◎ 故事通过和我们的情感产生共鸣来影响我们——是我们的内部叙述吸引我们并激励我们采取行动。
◎ 故事是一种影响他人和干预改变的微妙的、不具侵略性的方式——它们逐步地产生影响，带来改变。
◎ 故事提供证据并增进信任。
◎ 用讲故事的方式来暗示你的和他人的优秀品质，而不是公开地告诉人们。

分享故事

> 有不使用方向盘的伟大社会，但没有不讲故事的社会。
>
> 厄休拉·勒古恩[1]

消极的言论会耗费生命

　　一定是脸皮极厚或麻木不仁的人，才能够说出自己从未听说过或受到过"信贷危机"的影响——随之而来的凄惨故事是，经济萧条自 2008 年年底频频袭击我们，且蔓延（有时还伴随着猪流感）到全世界，我们进入了多年不遇的经济萧条时期。

　　但是这种消极和萧条蔓延对于企业效益的影响是什么呢？第二次世界大战的消极言论没有得到验证吗？人类学家告诉我们，任何持续讲述消极或毁灭性故事的团体，无论是关于自己的还是讲给自己听的（"难道这不是很糟吗"综合

---

[1] 厄休拉·勒古恩（Ursula Kroeber Le Guin, 1929—2018），美国重要科幻、奇幻小说家、少年儿童文学作家。其最广为人知之作包括奇幻小说《地海传奇》系列、科幻小说《黑暗的左手》与《一无所有》。《地海传奇》系列常被与 J. R. R. 托尔金之《魔戒三部曲》或 C. S. 路易斯之《纳尼亚年代记》相提并论。

征）都很可能将自己置于死地。这样的故事可以很容易应验（要看我们把自己陷入这场危机的程度），且同时具有传染性。为测试团队内这种论断的作用，印第安纳大学的研究员进行了一个实验。在实验中消费者被赠予一种新产品或服务并要对此做出评价。按照预期，一些评价是正面的，一些是负面的。尽管如此，当研究人员将这些正面评价和负面评价透露给研发者时，他们发现，负面观点会尤其强烈地影响个人态度。他们同时发现，如果那些对产品有负面看法的人被邀请参加小组讨论，就会让小组内的气氛变得更加消极。

企业故事和它们的作用

无论规模与构成，企业都是社团的一种形式。像自古以来所有的社团一样，无论在哪里，要么围坐在篝火旁，要么站在饮水机旁，当一定数量的人聚集起来，他们就会给彼此讲故事。这是人类的基本需求，想要阻止这种行为的任何尝试都是愚蠢的，实际上也是不可能的。但这并不意味着我们可以否定它们的存在，或忽视它们的作用。就在今天，我的一个同事告诉我，他的总经理对一场由负面故事引起的骚动，做出了回应（也不是很平常）——"开除人事经理，这样他们就找不到人发牢骚了"，这话已经传到人事经理的耳朵里了。不幸的是，这看上去似乎有点跑题。作为培训师，我们不应该解散或尝试镇压任何讲故事的行为，尽管这些故事起初听上去不那么乐观，有些是对企业的批评，也有些违背了企业的办公规定。如果处理得当，一些语气上听上去消极的故事，实际上包含着十分积极的寓意和有利的学习机会。大卫·斯诺登（David Snowden）是 IBM 知识管理研究所（IBM Institute for Knowledge Management）的前所长，他说：

> 有这样一种被技术强化了的趋势，好比人们充满感激地询问，却只是为了听到正面的故事。这个在个人咨询时可能有效，而在企业环境中，那些最有利、最有效的故事往往都是消极的。
>
> 斯诺登，2000

但一个正面或一个负面故事是如何构成的呢？它们是如何被区分界定的呢？依据是讲故事的人还是听故事的人呢？人类学家派格·纽豪瑟（Peg Neuhauser）建议，我们从风格、主题以及结果或信息上加以区分。

正面故事

听故事的人会因听到这个故事而感觉更好，学到有用的知识，或使他们的企业更好。

负面故事

听故事的人会因听到这个故事而感觉更糟，没有学到有用的知识，或使他们的企业从某种程度上遭受损失。

有趣的是，我发现几乎没有人真心地讲关于自己的负面故事。他们可以滔滔不绝地讲，他们在市政委员会的日子、在电信公司的日子、在岳母那里的日子，但却总是试图突出故事中的主角。几乎没有人会承认——"是的，都是我的错"。杰拉尔德·拉特纳（Gerald Ratner）曾是英国拉特纳珠宝连锁公司（Ratner's）的总裁，人们记住他是因为他那段最著名的诋毁自己企业产品的"讲话"，他称自己的产品是"废物"，这直接导致企业损失了500万英镑。毫无疑问，拉特纳现在一定很后悔自己说过这样的话，当然也会把这个故事划分到负面故事的行列中去。尽管如此，他极有可能从自己的警示故事中得到了教训，他现在通过讲述关于企业的故事而过着非常充实的生活。因此，故事本身并不会本性正面或负面——很多时候这都要看情境、讲述者和讲述过程，重点要放在听者的感知，而不是讲述者的意图上。

讲故事还是企业宣传

> 故事是领导者兵工厂里唯一的、最强大的武器。
>
> 霍华德·加德纳，哈佛大学

无论监控或是管理，企业故事都是内外部交流最有力的资源，它们可以出现在企业内联网、网页、培训课程和小组会议中。无论何时何地讲故事，只要它们对听者有正面的作用，它们就必须被看作是与周围时事同步的、相关的，并且是可信赖的。

2009年1月，当世界还处于经济萧条的漩涡中时，英国商务部长巴洛奈斯·范德拉（Baroness Vedera）在一次讲演中说，她能够看到一些经济复苏的"嫩芽"。不幸的是，她发表此番演说的当天，很多英国企业宣布大范围裁员，股票交易价格也下跌了将近五个百分点。巴洛奈斯的言论没有被看作是出于谨慎的乐观，她反而被同事们诋毁，说她感觉迟钝、不切实际。

随着网络和其他社会媒介的出现，无论企业内部还是外部都不再缺少交流手段。可是，这种信息泛滥使信息的内容贬值了，消费者对于他们所看到和听到的，比以往任何时候都要多疑。现在每个商业网站（从门窗清洁到跨国公司）都有这样的标语——"我们的员工是我们最大的财富"以及"顾客至上"等。但消费者也开始意识到，就他们自身而言，像这样的话都很廉价，他们的眼光变得敏锐，并会寻找能够支持此种标语的证据。

故事提供社会证据

在吸引读者或听众的注意、建立信任与自信方面，提供"社会证据"的交流（如，来自真心满意的客户或真心投入工作的员工的故事）比起标准的"套话"有更深远的影响。在一个不稳定的经济环境下，当客户和员工同样需要某些形式的安慰时，这就变得尤为中肯。

一家小型燃料公司——BDS燃料公司邀请我去帮助他们，从客户之中找出一些成功故事。他们希望将这些故事用于品牌介绍、网页和宣传片等。他们的总经理特别希望能够强调企业的卖点。在燃料界与那些不露脸的大亨们的竞争中，他们看不到自己的优势，但他们的爆发力在于他们是小型的本地企业，并且能够提供友好、专业的服务。站在企业的立场，我打了许多半结构化的访问电话，从我得到的信息中，将企业所要强调的价值例证精心编辑，融入到故事中。下面是他们近期的一个客户A先生的故事摘要。

本地家族企业

我们正在寻找另一家供应商。当我们看到BDS的网站时，我对我妻子说，"这好像是家本地家族企业，很像我们要找的那类公司。和他们联系一下吧。"从电话中我们就能够直接了解这家公司的态度。很显然，他们的服务非常周到。办公室里的员工们都非常有礼貌、让人愉快，他们总是怕对我们的帮助和给我们提供的解释不够。他们给出的价格也比我们原来的供应商便宜很多。如果立即付款，他们还会再给一个折扣。

"让我们全权处理……"

交接十分顺畅。他们说："让我们来全权处理。填完这份表格，您就什么都不用管了。全交给我们吧。我们会与您之前的供应商联系并处理好一切。"他们就是那么做的……我和妻子都是领抚恤金的人。上一年冬天我们所支付的价格之高，让我们都不敢开中央暖气。没办法我们只能去买了一个烧木柴的炉子，因为使用电暖炉比液化气便宜。现在我们可以毫不担心地把中央暖气打开了，像过去一样使用它。我对这家公司的评价已经不能再高了。和四大供应商比起来，他们虽然是家小公司，但他们恰恰是那类我们想与之合作的公司，并且会保持长期合作。

自从他们重新设计网页并将这些成功故事加进去后，这家企业的营业额就增加了大约15%。此外，这个故事搜集计划，还使企业得到了意想不到的收益——这些故事对企业的员工们产生了正面的作用。能够了解到客户对企业服务的真实想法（很可能从未讲过），这给了员工们巨大的提升动力。除此之外，这些故事也是有用的学习工具——员工们更了解客户的喜恶，并且能够去关注这些需求。企业的总经理说："我们从来没有意识到，通过应用他人的经历将信息交叉，来创造客户幸福感。真希望我们几年前就已经这样做了。"

同样的方法也可应用在内部客服上。我曾被邀请去一个文化中心工作，负责教那些直接接触客户的员工们，用讲故事的技巧来提高游客的体验。在小组讨论的过程中，文化中心的一个导游讲述了一个小男孩随学校到这里参观时发生的感人故事。他是那一天里所有孩子中最麻烦的一个，他总是快乐地呼喊着她："小姐，这是什么，小姐？""我们能看看这个吗，小姐？"但在参观的最后，他用力地拉扯着她的袖子，露出他那还没长齐的牙齿笑着说："小姐，这是我一生中'最快乐'的一天！"毫不意外，她的同事们都被这个故事打动了，同时也很好奇。"我以前从未听你讲过这事。"她的一个同事说。"我从来也没想过将它告诉任何人。"她天真地回答道。可想而知，有多少这样的精彩故事隐藏在我们的企业中，等待着人们倾听。凯西·哈伯德（Casey Hibbard）是《销售故事》（*Stories that Sell*）（2009）的作者，她谈到了客户成功故事作为一种对产品或服务的肯定，所发挥出的巨大力量：

> 故事帮助人们从见证他人成功的过程中勾勒情景以及获得灵感——最后，他们也开始行动起来。

从以上这两个例子中，我们可以看到故事无论被用在内部营销，还是外部营销中都很有效。如果有机会的话，我们中的大多数人大概都愿意，在决定采取行动前倾听、关注来自我们的同事、朋友或其他信赖的人的故事，并得到他们的支持。

尽管如此，就像任何企业活动一样，在进行故事搜集计划时也要很小心。我曾经（很久以前）无意中选择了企业里一个以最爱唱反调而闻名的员工，来讲一个故事……哎哟！尽管她讲的是一个很不错的故事（很有鼓动性），但事实上她的同事都知道她所讲的故事与她的行为不符，因此故事也就失去了可信度。（我很可能当时也是这么想的，但这事真的已经很久了！）以"改邪归正"或正在努力克服困难的场合下，讲故事都是无可厚非的。事实上一些最强大的品牌故事，正是那些以错误或消极信念（"我不相信这会改变我的生活""我认为你不能及时完成"之类的假设）开始的故事，但它们的来源必须可靠。当然在英国，人们可以在电视广告里，从专业演员们表演的闪光微笑和为现实生活中的客户以及企业员工们编好的台词中，见证趋势的逐步改变。他们在演技上所缺失的（我不得不承认一些糟糕至极的表演，确实看上去很像糟糕的校园圣诞剧）从现实中得到了弥补。

如果你在考虑进行一次搜集故事的活动，无论对内还是对外，我都建议你遵照如下项目指导方针：

◎ 确定项目的目标。谁来设计项目，你希望强调企业的哪个方面，你要如何使用故事，选用什么类型等。

◎ 选出一些合适的客户或员工。这要依据你企业的规模，假定出30%不适合或不可用的目标。

◎ 先写信或发邮件给客户或员工，给出项目提纲，征得他们的同意并给他们一些鼓励。可以给你的客户一个特别的产品或服务折扣；对于员工，可以给他们一份用餐券、一次带薪休假等。

◎ 选定和商讨访问的基本问题。

◎ 进行电话或面对面访谈并收集信息。如果你认为合适的话，可以在允许的情况下录音或录像，并可以将视频剪辑或播客放在你的网站上。

◎ 把收集到的信息精心编成一个故事。如果技术条件具备的话，这可以在企业内部进行，或者也可以请求外援。

◎ 故事的草稿可以给参与者们看并征得他们的同意，应该提供一份书面的授权（尤其是企业外的客户）用来发行促销材料。机密或敏感事件要仔细复核。

◎ 故事可以展示在你的外网、内联网、新闻时讯、博客上，也可以用于以后的销售介绍、培训讨论、知识分享、小组讨论或小组会议中。

◎ 应该建立一个数据库来记录这些故事的用途。网站上展示的故事应该经常更新，或者每隔三四个月就循环一次以保持故事的新鲜度。

故事定义企业文化

> 在强生[1]，来自我们的客户和员工们的故事，可以激发我们所有人的灵感，它是我们每天工作的原因之一。

企业文化是模糊不清的概念，就像氧气，我们都知道它存在于空气中，但没人能够指出它是什么或者在哪里。了解弥漫在企业中的企业文化，可以帮助你在思考某些概念、态度和行为时将它们放在企业情境中，它解释了为什么每个企业的员工有着不同的表现，并影响了人们的发展与最终的工作满意度。关于企业文化的多种概念，最初都由人类学学院提出，包括"最初假设模式"（沙因，1985）和"我们的做事方式"（阿特金森，1990）。约翰逊（1992）提出了一个比较复杂的概念"文化网络"，它强调能够代表企业文化的很多不同的方面，包括例行公事（企业成员彼此间的行为方式，以及对外的行为方式）、标志（如企业的 LOGO、车辆、名称，以及经常使用的语言和术语）、故事（成员们讲述的用来标记重要事件、品格，以及成功、失败、英雄、坏蛋和特立独行的人）。

故事定义了一个企业的文化，事实上，有些人甚至会提出故事就是文化。它们自然是交流过程中至关重要的一部分，它帮助外界详细地了解了企业的身份，"我们是谁""我们的目的是什么""我们代表什么"以及在某些情况下"它是怎样起家的"。它们给了企业坚实的基础和强大的自信，这一点从生产保健品和药品的强生公司得到了验证。他们在网页开始就引用了这一部分，在此创建了一个强大的员工故事数据库以供使用。

尽管如此，可能有人会提出，讲故事往往关注过去，而不承认现在甚至将来。"过去的好时光"的故事在一些企业很常见，并且在员工中长久流传，即

---

[1] 强生（Johnson&Johnson）是产品多元化的医疗卫生保健品及消费者护理产品公司。1886年，由强生和他的两个兄弟创建。

使他们中的很多人都忘记了故事发生的时间（参见第二部分"猴子交易"）。那么，如果你想要改变企业文化，将会发生什么呢？咨询师彼得·布莱格曼（Peter Bregman）在他《哈佛商业评论》中的文章里写道：

> 不要改变绩效评估体系、待遇和培训计划。不要改变任何事。无论怎样都不要。目前，只改变你的故事。

倾听并寻找"有故事价值"的事件，那些包含了你试图在企业中鼓励培养的行动和行为的事件；在培训和团队会议中讲述这些故事；如果有内联网的话，将这些故事发布在内联网上，或者通过电子邮件群发；鼓励他人讲故事，这样就会有更多的人效仿。鼓励用故事来定义或重新定义企业文化，你可以思考如下内容：

◎ 企业的前景和目的是什么？在企业内外倾听和寻找阐述了此问题的故事，并复述它们。

◎ 谁是企业的"部落长老"？鼓励领导者们总结自己的经验，并分享自己从成功与失败的经验中学习到的东西。

◎ 鼓励领导者和经理们将讲正面故事，作为日常小组会议的一部分。

◎ 复述那些最精彩的延续传奇的故事，并强化企业的核心目标（但不要局限在那些已经过时的故事中）。

◎ 寻找新故事来讲（尤其在企业变革时）。

◎ 当有人找到了新的做事方法，将他们的成功故事讲出来，这样可以鼓励其他人向他们学习。

◎ 训练人们自信地使用故事，将它作为自我介绍的一部分。

◎ 引出那些重点讲述企业实力与成功的故事。

◎ 考虑使用适合加强和传播故事的艺术和技巧。[1]

---

[1] 引自西尔弗曼（Silverman），2006

隐喻与企业文化

> 新的隐喻有力量创造新的现实。很多文化的改变，都是由介绍新的隐喻概念而抛弃旧的所产生的。
>
> 莱考夫和约翰逊，1990

对于今天的企业领导者和经理们来讲，一项至关重要的技能就是解释和理解你企业的性质及运行原理，并因此能够为企业的未来改变它和规划它。在这里，使用隐喻是十分具有启发意义的。我们将隐喻作为日常词汇的一部分，我们很自然就会提到"白手起家的故事""点石成金"和"金发女孩效应[1]"。

但隐喻需要十分谨慎和系统化地使用，它们可以被用作判断企业健康状况的研究工具，但并不建议用隐喻来代替企业常规民意调查所搜集的信息。尽管如此，在我与企业员工们共事的过程中，我通过倾听员工们所使用的隐喻语言以及伴随的行为得到很多（要么就更多）信息。一些较常用的种类在表 3-1 中列出。

表 3-1　常用隐喻

喻体	行为	语录
战役	矛盾 竞争 争端，侵略 对立观点	这是雷区 我们在战斗 派系 不要把你的头贴在栏杆上
花园	培养关系 发展，成长 生产	我们随时都在成长 为未来播下种子 培育我们的员工

---

[1] 金发女孩效应（Goldilocks Effects）用来比喻恰到好处的效果。

续表

喻体	行为	语录
旅行	历险 抱负，计划进度 旅行 考察	我们正在十字路口 这是我们的终点 我们就快到达终点了 过桥
机器	惯例，项目 日程 重建	这像是上了发条 一台加好油的机器 一切运转正常 谁知道他的脑子在转什么

  了解员工们是如何看待和描述自己的企业的，是建立和维持默契的第一步，比如说你可以用和员工们一样或类似的语言，来回答他们的问题。其次，它为影响和改变企业文化，提供了微妙且有效的工具。例如，我几年前曾工作过的一家制造企业，具有极其好斗的企业文化。这家企业的员工们主要用"战争"语言交谈，所有的事情都用"击败""输给""打击对手"或"被火力击中"来描述。如果我尝试着用"培育""成长""发展"这样的语言来和他们交流或建立默契，那就会使整个交流显得不协调。（我不敢提"讲故事"这个词！）尽管如此，我可以通过"影响休战""和平进程"或"战略计划"这样的语言来回应他们，并且这类语言很容易被理解和接受。

故事阐释企业价值

  我已经记不得有多少人，当我问到他们的企业价值时，他们要么就双眼放空，要么就目光呆滞，机器人一般地重复着一串听上去冠冕堂皇的词语或短语。在这些词中我保证可以找到那些没有实际意义的话如"我们重视客户服务""改革创新""诚实正直"（或者这种主题的各种各样的说法）。在阐述企业价值时如果不包含这些话，似乎就像是一个准候选人在交友网站上，宣布自己毫无幽默感一样，让人觉得有些不可思议。

我之前受一家建筑公司邀请，去帮助他们明确他们的企业价值。在列出当前价值后，我请大家思考"这些价值对你的意义是什么"。我又一次看到了那熟悉的呆滞的表情。我向他们解释，如果你的企业将"客户服务"列为一个关键的驱动因素，那么就应该有许多证据以故事和事件的形式，来说明和支持这一说法。

用第一部分介绍的故事地图作为一个指导，用一些能够"引出故事"的问题来让谈话继续。鼓励参与者回忆自己的经历，并将这些经历与企业价值联系起来。尽管开始时要花点时间梳理这些故事，但效果当然是值得期待的。参与者们不仅自己能够看到核心价值的意义以及他们在企业中所起的作用，还能够养成一种在彼此间、客户间讲述正面故事的新习惯。他们的总经理随后评论道：

> 我们以前从未讲过令人振奋的故事。我们节奏太快以至于忽略了我们在哪里出的错。在将这种方式作为我们小组会议的一个常规特色之后，小组中就会打破沉默。第一次，他们真的像一个团队那样跃跃欲试。

故事的使用是一种将价值观带入生活的有效方式，比起那些高级管理人员对员工的单纯命令或说教，毫无疑问这是一个更有效的选择。我们中谁又会喜欢被要求毫无疑义地遵守与服从呢？

鼓励讲出企业价值故事意味着企业价值本身不仅是话语，它被赋予了与理性、情感都相关的人文情境。员工们开始参与并投入到这个过程中，并因此也感觉到自己也同样融入并与这些价值有关。我的另一个客户（一个养老金组织）曾邀请企业所有的员工帮助明确的企业价值（承担义务、成本效率、有道德感、重视客户、改革、团结），他们决心让这些价值有生命、有意义。2018年，他们举办了一个企业价值颁奖典礼。在这个颁奖典礼中，很多员工都被提名了，因为他们诠释了这六条企业价值中的一条（或更多）。之后，由整个组织投票选出他们认为最值得获得奖项的人。下面是他们提名表中的一个例子[1]。

---

[1] 为了保护机密信息，这份表格内容已稍作修改。

企业价值奖 2010

提名表

提名者：海瑟

提名范围：重视客户

此人（团队）获奖理由：

海瑟一直在组织内外为客户提供极好的客户服务。她花大量时间通过电话与电子商务雇主联系，帮助他们提交仲裁协议书，并且很爽快地答应了去伦敦帮助我们的一个客户，处理其八月仲裁协议书。当客户经理们询问信息时，她总是能够最快地给出答复。

如果最后期限临近，如修正案的截止日期临近时，海瑟就会在完成手头工作后加班，以确保我们的客服质量不受影响。尽管工作繁重，她还是会时常帮助那些缺乏经验的新同事们，他们有疑问或遇到困难时都会来请她帮忙。并且她总会留意她的回答会让客户产生什么样的看法。她在处理问题时，经常会站在客户的角度考虑。例如，如果她在新网站上面找到那些她认为应该改善的地方，她就一定会向相关人员提出。

提名推荐人：劳拉

企业价值奖不仅让相关个人和团队获奖，而且整个活动也使企业价值在此时再度引起人们的重视。当然，作为一个有用的学习工具功效也被证实了，并鼓励他人也效仿获奖的同事或团队。

应对小道消息

在今天的一些企业中，最可靠或一贯的交流方式似乎是被我们称之为"葡萄藤[1]"的小道消息。随着时间的推移，压力的改变，当正式的交流渠道被人们认为没有用、不充分或不够快时，此种讲故事的小道消息形式往往是最活跃

---

[1] 葡萄藤（Grapevine），形容小道消息。

的。而它的名字则源于美国内战时对挂在树上的电报线的描述。小道消息往往源于人们对未来的不确定，从内容上讲，它往往具有颠覆性，所以，人们下意识的反应就是想要粉碎它。但是，随着 Twitter 和 Facebook 这样的社交网站的出现，小道消息更容易传播且很难制止。不过，就像我们被多次警告过不要淘气一样，尝试着镇压这些自然产生的故事的结果，只能是让它悄悄地传播得更兴旺。

那么，你如何应对这种现象呢？你可以否认所有的谣言（我们都知道这么做的效果如何，曾有某些体育明星和政治家用过这招）。你可以强迫员工听从官方的统一发言，但是你不能控制他们对此的信任程度，你也控制不了有人复述这些信息。人们会不断地翻新故事，使它们迎合和增援他们自己的价值观和信仰，这样的话他们就可以成功地结束这个故事："看，我和你说过吧……"

一些应付小道消息的其他选择和更有效的方式如下：

◎ 注意那些让人感到消极或破坏性的故事是由谁、在哪里、什么时间讲述的。

◎ 自问为什么这个人会有这种反应。通常情况下是为了引起注意或博得同情。你能用更积极的方法使他们获得关注吗？

◎ 不要强迫他们停止。人类的天性会使他们更想要做这件事。

◎ 注意不要卷入负面故事。

◎ 不要自动忽略所有听上去消极的故事。它们可能非常重要，因为它们提供了从他人的经验中得到教训的机会。

◎ 找到故事的积极面。人们很少讲自己的负面故事。注意到这一点并在以后使用它。

◎ 将明显的负面故事变成正面的，你可以问，"那么你想要什么？"或者"这个问题怎么解决？""你为什么讲这个故事？"（不要说"我们学到了什么？"这听上去有点儿陈词滥调，还有些轻蔑。）

◎ 鼓励讲正面故事，包含"英雄"和"难道我们不是很棒吗"这样信息的故事。

◎ 及时地添加入自己的"反击故事",使之成为小道消息的一部分。

用讲故事来分享知识

像我们在第一章中提到的,故事分享可能是非正式学习的一种有用的形式,但用这种非正式的方式获得知识是可靠的学习方法吗?分享故事的积极面是,这是一种自然的、无意识的行为,它是自主的并与参与者有关的,因此参与者们会很有积极性。而它的消极面是,我们无法长久地控制故事的质量或别人传播知识的准确性。我们过去介绍的"坐在有经验人士旁"[1]的过程,假定了有经验人士既有知识又有技术,能够告诉我们正确的事并激励我们完成任务。知识分享需面对的问题之一是,即便是"专家"有时也不能够把他们掌握的知识传达清楚。知识分享的过程需要把隐含的知识讲清楚,这就是讲故事或使用隐喻发挥作用的地方了——它们能够帮助人们把"无法言表的信息表达出来"。

我最近浏览的一个企业网页上包含了一些故事,这些故事是企业新招聘的大学生讲的,题目是《我生命中的一天》。从理论上讲,这个创意很好,但是这些年轻人写的故事很显然没有经过任何审查,主要是罗列一些对于一个年轻人来讲最重要的信息,例如,这一天有多糟,他们是如何挤出午餐时间吃个快餐三明治,以及他们恨不得早些下班喝杯酒。当然,这些都是他们诚实的描述,但是不是有人该考虑一下那些潜在的读者:这真的是企业想要呈献给那些未来的职场新人们的形象吗?为了得到更有价值的描述,最好采取访谈(无论多不正式)的形式,或至少该引导一下你试图获取信息的对象吧。

学习历史

人们经常说经验是最好的老师,但在企业生活中也是这样吗?这不是一种

---

[1] "坐在有经验人士旁"(Sitting by Nellie),指向有经验的员工学习。

倾向——试图掩盖企业失误，或者在裁员和并购后无视错误所包含的教训？总之，人们怎么才能从企业中忙碌的人们那里获得经验呢？

学习历史是个办法，它能够解决以上问题并鼓励知识分享。这是阿特·克莱纳（Art Kleiner）和乔治·罗斯（George Roth）提出的概念。这种方法利用了古代部落里讲故事的实践（可能是围坐在篝火旁）和现代集体学习的实践。学习历史同时讲故事是对企业里重要事件的文字叙述（一个新产品、一项并购、合作变更），正如故事中涉及的那些人，每个人都有自己的观点。在一系列具有反思性的访谈后所写下的故事，可以作为我所介绍的故事搜集阶段的一部分。可以直接引用每个人的话，但只用职称标明身份。报告结果用两栏生成：一栏写点评，另一栏写故事搜集者提供的注解，注解栏中可以确定谈话主题，提出问题，有时也可以找出可能被忽略的或有异议的事件。学习历史与传统顾问汇报的不同之处在于，它不会以那些陈词滥调结尾（很显然70%的委托报告都会这么做），相反它会作为接下来讨论和行动的基础，这些评论会被人们讨论并会采取任何必要的行动。

我和一家正在进行大规模企业改革的生产企业，合作推行了一项学习历史的项目，并给它起了一个神秘的名字"地平线"。这项活动不但没有让员工们感到跃跃欲试地想融入其中，反而让他们觉得恐惧和不安。我们进行了搜集故事的访谈，并将访谈结果进行了记录、分析，然后将它们写了出来作为学习历史的内容。访谈对象大约有20人，其中包括总经理、高级主管、组长和行政人员。访谈的框架简单定义在"过去、现在和未来"的范畴，参与者们被要求反思他们对自己、他人和工作的整体感受。在接下来的讨论会议中，涵盖了故事搜集过程中包含的所有信息，在这里推荐一些讨论话题和问题，例如：

◎ 人们重拾对彼此的信赖后会发生什么？

◎ 大多数人认为未来会是美好的；尽管人们都想要同样的东西，但却不愿意承认。是不是每个人都在等第一个吃螃蟹的人？

学习历史帮助很多人看清了前进的方向，他们不仅从彼此的经验中学到知识，同时也从中了解到自己和他人的恐惧以及关注点，从而相信可能发生的改变。总体来讲，使用讲故事这种方式有很多积极作用：

◎ 建立信任。之前感觉到不被理睬或被低估的人们，有了表达自己的想法和分享自己的知识的机会。

◎ 人们不孤立。当学习历史的内容被人们阅读和讨论时，那些觉得被孤立的人们就会意识到他们也许低估了自己和他人的共同之处，他们和所有人及企业都有着共同要实现的目标。

◎ 一个集体反思和学习的机会。小组讨论帮助澄清事实，提出那些尚未被解决的问题，随之而来的是大家自信心的提升，并能够营造一个更有利于学习的环境。

◎ 一个分享知识的机会。不只是吸取他人的教训（在不同的环境下也不完全合适），学习历史的读者们能够更好地探究，他人在一个特殊决定后的推理过程。[1]

总结

◎ 注意你区分正面故事和负面故事的方式，在关注听众感受的同时，这在很大程度上都要依靠情境、讲述者和讲述过程。无论哪种故事，都能够实现充实自我的目的。

◎ 为了增加企业内部讲述故事的可信度，需要由行动来巩固，否则这些故事看上去就仅仅像是企业宣传。

◎ 社会证据，如从客户和员工中引出真正的成功故事，这比起那些基本的"套话"要可信得多。

◎ 故事可以帮助定义企业文化，关注"我们是谁"的故事，这些故事可以帮助我们明确目的和前景。

---

[1] 阿特·克莱纳（Kleiner）和乔治·罗斯（Roth），1997

◎ 传播你试图分享的强调企业文化和价值的故事。

◎ 故事带给生命价值，并使生命有意义。

◎ 注意和学会应对小道消息。

◎ 讲故事可以被用于知识分享，但为了能够达到最有用的结果，必须要管理故事。

◎ 学习历史可以作为学习企业中重要事件的一种方式，它能够鼓励交流、建立信任。

讲故事

> 讲故事是我们能做到的最不可思议的事。
>
> 乔安娜·哈里斯

在学习过程中引入故事的时机

我有理由相信，如果你读过了这本书的第一部分，那么使用故事、隐喻和基于故事的活动，作为培训师培训工具的一部分，可能会成为帮助你和你的学员们更有效地取得成果的有力资源。如果使用得当，商业故事可以：

◎ 使学习过程效率更高、更投入、更让人印象深刻。

◎ 使数据和信息更有活力。

◎ 增加对企业健康状况的了解。

◎ 定义企业文化。

◎ 使企业愿景和价值更有意义，更易达到。

◎ 绕过刻意的反抗来鼓励改变的发生。

◎ 通过提供社会证据来培养与客户、员工间的信任及默契。

◎ 鼓励他人通过重组来摆脱惯性思维模式。

◎ 鼓励反思性、创造性和富有成效的思考。

现在你要确定一下使用故事的最恰当时间和地点。如果你是像我一样的人，你会乐意迅速直接地使用新知识。但切记，你是自己企业里的专家，你要考虑清楚在你所处的环境中，故事是否是一个恰当的媒介。如果是，哪类故事才能够最好地支撑你的企业文化、企业价值等。

讲故事也会出错。我最近听到很多企业的人力资源部主管，向我讲述他们雇用讲故事者（事先并未面试）在商务会议或总裁会议上致辞的经历，会后他们不得不向那些受了惊吓的代表们，解释与那个穿着彩色小丑服装，在会议室里又唱又跳的人的关系。这种风格特别的讲故事者在适当的场合下会起到非常棒的作用，尤其是在孩子比较多的学校、图书馆或社区中心。为孩子们讲故事本身就带有更多的娱乐性，这是一种戏剧化的表演。但这种表演对于那些过度疲劳，承受超负荷压力的商人们来讲往往太夸张，对于他们来讲，这种表演完全失去了它想要传达的意义。如果你正考虑花钱请一位讲故事者，帮助你达成一个非常严肃的商业目标，那么就选择一个懂得商务或企业要点的，并且有商务经验的人。我通常会首先向我的潜在客户介绍自己是个商人，其次才是一个讲故事者，这意味着对于我来讲，讲故事是到达终点的途径，而它本身并不是终点。

如果你正打算自己担当那个故事讲述者的角色，那你就应该对于听众的反应敏感并给予回应——你可能讲了太多的故事，或者同样的故事讲了太多次，这就很可能会起到相反的作用。请留意当你说"这使我想起了另一个故事"时得到的反馈（言语的或非言语的）。如果你得到的反馈是"心不在焉、东张西望"，那你就要意识到你做得过火了。同时你也要认真考虑一下，要不要介绍"讲故事"这个词。在一些企业中这个词的消极内涵是，你不值得因为它而冒险去破坏你最初的成功和自信。你也许可以使用一个你认为更恰当（和安全）的词，如"商业叙述"或"创造性交流"。当然你也最好不要给它加上任何标签。像顾问玛丽·格瑞斯·肯特那所建议的："你的工作是挖掘故事，而不是引进故事。你不能将讲故事这项策略强加给企业。"我敢保证，如果给你选择的机会，你一定更愿意人们关注你选择的学习方法所带来的积极结果，而不是方法本身。商业故事的引入应该采取一种微妙的方式。

将故事作为岗前培训的一部分

我一直认为岗前培训，对于培训师来讲是最难应付的培训之一。它对于培训师来说意味着枯燥和重复（尤其当你进行"大规模"岗前培训，就像我曾经在劳动力流动量极大的零售部门所经历的那样）。尽管如此，这样的培训对于一个新人来讲却是十分重要的，因为这是他们对企业的第一印象。

很多企业现在已经意识到了岗前培训的重要性，那些设计精妙、结合了学习方法的岗前培训则有效得多。不久前我见过的一些人，仍旧坚持把那些可怜不幸的人们，硬拉进那些说不出名字的办公室，去见那些数不清却记不住的人。

岗前培训一个更好的方法可能是引进更现实的方法，包括企业故事和讲故事者。我之前提到的很多"部落长老"（指企业的创建者或者在企业工作最久的人），都有一些很棒的能够使新员工们受益的故事。但明智的选择讲故事者以及给予他们指导，也是非常重要的。我曾见过一些善意的主管和企业老板们，我行我素地将对上帝般的敬畏留给了学员。我还是建议培训一下志愿讲故事的人，可以问他们些问题，例如：

◎ 你要讲个什么故事呢？（引导他们讲出某种范畴的故事，能够体现你想强调的企业价值。）

◎ 你为什么要讲这个特别的故事呢？（鼓励他们看到故事中的关联信息，这样可以强调故事的重点，提高讲故事的质量。）

◎ 学员们听到这个故事会如何获益呢？（鼓励他们从他人的观点看待情况——积极地还是消极的？）

◎ 这个故事强调了企业的哪个方面?(很可能是企业建立的方式、原因,以及它的使命和核心价值。)

在成功故事这一块,我们也与企业合作帮他们写出他们自己的"自传"。这个过程包括访问一些企业的元老们,然后总结出一些故事可以拷贝或发到企业的内联网上用于岗前培训或知识分享。

在培训环节前讲故事

我通常在培训开始前的7～10天发送"培训预告"给参与者们。预告包含培训目标和培训综述所有的内部细节,加上让参与者们提前一天思考的小故事、小片段或隐喻。下面是我给一个金融企业的参与者们发的预告摘要,工作内容是培训技巧。

📖 前一天……

你可能要仔细想一下这个小故事,考虑一下关于改变和培训过程这个故事告诉了你什么。

📖 两只毛毛虫

两只毛毛虫坐在卷心菜叶上聊天。突然它们听到了很大的沙沙声,它们抬起头,看到一只美丽的蝴蝶从头顶飞过。其中一只毛毛虫看着另外一只毛毛虫摇摇头说:"在这些事上,你永远也不可能动摇我。"

玛格丽特·帕金,《培训故事》(*Tales for Coaching*,2001)

你可以在培训开始前积极地给学员使用这类的活动,请他们反思一个在接下来的培训课上你要讨论的故事或隐喻。我在此强调,如果你采用任何一种这样的学前活动,你要确保在一天内回复。如果你的学员们无法与你联系,那至少他们也应该证明自己思考过这个故事,他们需要感受到你已经认可了他们的贡献。

未讲完的故事和相互关联的故事

当你对自己的讲故事技巧更自信了,你就可以尝试"相互关联的"或者"嵌入式的"故事。例如,开始讲一个故事,然后在这个故事中间的某处停下,用一个过渡词开始另外一个故事,苏格兰喜剧演员比利·康诺利(Billy Connolly)就是这方面的大师。在脑海中记录你在最开始时讲的故事,这样的话你就会记得将故事圆回去。你也可以尝试着在一个培训或会议的开始,讲一个故事的开头部分,能够勾起人们创造故事的欲望就行,然后……

用故事来进行小组讨论

像本书第二部分中"纳斯拉丁与老虎""一副象棋""下金蛋的鹅"或者"战争游戏"这样的故事,是在培训小组中鼓励人们进行反思性、创造性讨论的很好的工具。为了能够从他们中最大限度地获得信息,我会提倡用以下的步骤来达成最富有成效的讨论:

◎ 在小组中读或者转述故事,鼓励参与者们倾听。
◎ 引入问题,确保参与者们在故事模式下思考。
◎ 交出原稿,给那些提问的人。
◎ 最后,回过头来将故事与你的企业和手头的事件联系起来。帮助它们建立联系。

再详细些,这些步骤是:

◎ 在你交出原稿前,先将故事读出来或者转述出来。这时,你是在鼓励右脑活动;如果参与者们开始自己读故事了,那就是他们的左脑在运转。你要他们关注你的故事和你的讲述,并且要让想象开始发挥作用。
◎ 在读完故事后,我往往给大家几秒钟的时间将故事消化吸收,然后就引导他们进入到小组提问环节。有时你会发现参与者们,甚至在你提问前就开始讨论起来,这样更好。你在这个练习过程中的作用是,鼓励队员们尽量处在故事情境下，例如，讨论故事中的角色，而不是直接就过渡到日常生活或讨论中来。这样可以确保全脑活动的连贯性。

◎ 不是所有人都想要或者需要看到故事的原稿，想要看的人往往都是团队中针对视觉或触觉提问的成员。你会发现一些参与者，事实上更愿意用自己的方式思考故事而拒绝读原稿。一些已经拿到原稿的组，会指定一个成员将故事再读一遍，这样其他人就能够加深对故事内容的理解（也许这仅仅是因为他们喜欢听故事）。

◎ 完成小组练习后，帮助参与者们建立学习或故事的寓意中的联系，判断故事中的相关信息与你的问题之间的联系（无论是团队效能、规划未来还是沟通交流）。换言之，回过头来联系你讲这个故事的目的。有时，我会在此利用"逆反心理"的方法，用一个几近苏格拉底式的提问风格，如"这个故事到底与什么有关？"在他们试图说服你的同时，他们也在说服自己。

用故事来阐明目的

在培训或者训练的过程中，你往往会需要尝试着解释一个复杂的话题或概念，并结合事例、类比或故事的帮助使事实更加清晰。对于这么做的最好方法，人们的看法多种多样。我更倾向于使用"故事前言"准则。换言之：

◎ 你介绍正在讨论的概念，例如，"有很多不同的领导方式"。

◎ 你导入一个能够帮助你阐述概念的相关故事、隐喻或类比，例如，"事实上，我记得我的第一个老板是那么的难以捉摸……"

◎ 你做出结论，例如，"因此领导者需要灵活性，但也要坚持……"

在故事中使用幽默元素时，作用尤为突出。幽默会使大脑中产生一种化学物质，这种化学物质就像是一种定型剂，它把我们之前的所有一切，都固定在我们的记忆里。因此它使首先引入前言这种方式变得有意义，之后讲一个关于这个概念的搞笑故事，最后回到你的重点或结论上。你希望参与者们能够记住你所引入的概念，并不仅是获得乐趣！尽管如此，来自澳大利亚一家叫作趣闻（Anecdote）公司的肖恩·卡拉汉（Shawn Callahan）提供了一种选择方案：

> 传统的表达形式是我们先提出自己的观点，然后相继引出能够造成心理学家们称之为验证性偏差[1]（Confirmation Bias）的事例和故事。换言之，我们对那些试图用复杂原理影响我们的人很警觉。相反，为什么不尽量避免引出这些偏见呢？我们可以用可能发生或期望实现的事例和故事开始，然后进行理性讨论。

我把用实践验证这些模式的机会留给你，找出最适合你和你所共事的团队的方法。

用故事进行评估

故事可以用来评估培训课程、其他人力资源项目或管理改革计划的效果。在最近的一期讲故事大师班培训结束后，我们成立了一个"才子组"，大家经常在电话会议中"见面"讨论"接下来发生了什么？"在电话会议中，成员们可以分享他们的培训经验和学有所用的方法，以及针对他们所遇到的问题得到小组的反馈。另外一个评估方法是"故事对话"，这种技巧是加拿大的拉邦特和费瑟斯通（1997）开发的。它采用小组聚焦的形式，由一个引导者带领六个组员构成，目标是讨论如下问题：

◎ 什么？描述问题：问题、事件、需求是什么？谁发现的它们？它们是怎么被提出的？你做了什么？成功或困难是什么？事情发生了怎样的变化？

◎ 为什么？解释问题：你认为问题发生的原因是什么？你/他们为什么会对你/他们所做的有所反应？你为什么这么做（策略或行动）？你为什么

---

[1] 验证性偏差（Confirmation Bias），也称证实偏差，指在个体已经建立既有观念、认知图式的基础上，选择性地注意有利于自己观念图式的信息，甚至歪曲信息，以此验证符合于自己的既有认知。

会认为这有效或无效？

◎ 那又怎么样？总结问题：我们学到了什么？还有什么不明白的？人物和关系是如何发生改变的？发生了什么始料未及的结果？

◎ 现在怎么办？行动问题：下次我们会有什么不同的表现？我们的下一组行动是什么？主要教训是什么？是什么力量可以使我们在未来的工作中更有效率？我们如何提升这种力量？

用故事结束一天的课程

我打赌你一定以为我已经忘记了这个环节，对不对？用未完成的或关联的故事来保持听众的好奇心、创造"紧张间隙"（Tension Gap）[1]并让他们在余下的时间里地下意识思考这个故事。用"在我们下课之前，你们想不想知道……发生了什么？"或者"哦，我忘了，我要告诉你们结果是……"来结束一天的课程，用一个漂亮的格式塔[2]或完整形式来结束一天，将参与者们的大脑带回到α状态[3]。

用不同的故事达到不同的效果

决定我们选择故事和故事使用方法的主要因素首先是商务事件的种类或我们希望解决的问题；其次是你希望通过它能够达到的特殊目的。你要解决的问题可能包括：

◎ 帮助企业看清未来。

◎ 帮助企业脱颖而出。

◎ 使产品介绍更让人印象深刻。

◎ 作为一种分享或介绍新产品或服务的工具。

---

[1] 这次紧张与下次紧张之间的时间。

[2] "格式塔"（Gestalt），强调经验和行为的整体性，通俗地说格式塔就是知觉的最终结果。

[3] α状态，大脑完全放松的意识状态，本书第15页中有详述。

◎ 鼓励企业文化的改善。

◎ 提高团队效率。

◎ 提高领导效能。

在此，你的目的可能是阐明一个观点，唤醒听众，激励他们采取行动，或是鼓励学习，促进有活力的小组讨论，提供一种重组或看待事情的不同方法。自问一下你想要这个故事起到什么作用？你最终想要看到人们思想上或行为上的哪些改变？使用这个故事的最终收益是什么？讲这个故事会如何影响企业？史蒂芬·单宁（2005）提倡使用"自醒"的方法来提醒你的目的：

把你要转变的观念记下来，最好只用一句话。在一张纸上用大点字体写下这句话，把它放在你身边的醒目位置。为什么呢？在讲故事的兴奋情绪中，你很容易忘记想要传达的想法。你可能会不记得你讲这个故事的目的……在企业里讲故事是一个有目的性的活动。记住你的目的是至关重要的。

我必须承认，在过去的日子里我发现自己有些时候，就只是享受讲故事这件事，并从听众们的反应中得到乐趣，因此我就忘记了最重要的事情——讲故事的目的。如果你讲故事仅仅是为了娱乐或放松，那没关系（本书第二部分的"圆满结局"里的故事就是以此为目的的），但切记你要诚恳，要知道自己在做什么。如果你试图通过你最喜欢的故事，传达某些深刻的又有意义的道理，但这个故事实际上又与你所讲主题无关，那你就会很快地从你的听众中得到"那又怎么了"的反馈，那么你在这场交易中就失去了可信度。

你要警惕，使用一个特别的故事可能使你获得中等的且合理的收益。我曾经引用过詹姆斯·瑟伯（1943）的一个故事"许多月亮"（Many Moons），把这个故事讲给一群销售人员听。我讲这个故事的初衷是想告诉人们针对同样一个事物（故事里的月亮），不同的人可能会有不同的看法，但我却惊奇地发现，讲了这个故事对参与者们起到了放松的作用，还帮助他们展开了想象。在接下来的培训中，这使大家的参与获得了一个非常积极又有创造性的效果。

从讲商业故事的标准来说，"许多月亮"是一个比较长的故事，讲述过程大约需要10～15分钟。就像这本书第二部分提到的"城里老鼠与乡村老鼠""萨南莎的故事""精灵与鞋匠"这样比较长的故事。如果讲得好，就会在你和你的听众间建立起非常好的默契，它会有一个安慰和半催眠的效果；如果讲得不好，没有默契，它们就会使听众感到十分无聊。像纳斯拉丁的故事或者伊索寓言这样短小精干的故事，往往能够加快学习脚步，提升学习精力。

这里要特别提一下童话故事。它们有时候被看作是最纯净的叙述方式，它们给了听众一定的"心理空间"去反思，并加上他们自己的解释。布鲁诺·贝托汉[1]（1991）将它们称之为"独一无二的艺术形式"。他说它们的独一无二之处在于它们几乎一维的叙述方式。他说：

> 童话故事简化了所有的问题。它的特点是明晰。细节部分，除非是非常重要的，不然的话也都被省略掉了，所有的角色都很典型而不是唯一。在所有的伟大艺术作品中，童话故事的深刻意义对于每个人来讲都各不相同。

因此，当我们听到任何带有童话样板的故事时，我们就收到了足以唤醒我们好奇心与想象力的信息，所以我们想要仿效男主人公或女主人公，以及更多地了解他们在故事中的挣扎，但这不足以刺激我们具有分析功能的左脑，开始质疑故事内容的真实性。在企业环境中，这是一个引发讨论的很好的催化剂。

如何搜罗故事

就像这本书里讲到的故事一样，你很可能需要建立一个属于自己的故事文件夹，以备日后之用。你在哪里可以找到好故事呢？如何选择好故事呢？故事到处都有，但你必须在大脑之中精心筛选找到的故事。它们并不仅存在于图

---

[1] 布鲁诺·贝托汉（Bruno Bettelheim），著名的儿童心理学家。

书馆书架上的图书中，在报纸、杂志、电视、电影和广播中，它们分布在生活各处。它们甚至会出现在汽车站、火车站、酒吧和餐馆里。你可能会从一些希腊神话中找到至理名言，而你也许会惊奇地发现你隔壁的邻居也会说出同样的话！另外一个寻找故事的绝佳资源库当然就是网络。

那些喜欢从原版书中搜集故事的人，也可以找到许多可用的资源，包括我之前的系列丛书——《故事》(Tales)，它们都被列在了本书后的"参考文献和扩展阅读"中。

同时，你也会发现自己成为企业中的一个很好的故事倾听者。只要一点鼓励，人们就很乐意讲出他们在工作中或在家里的经历，你的工作就是评估这些故事，并将它们转化为适合未来学习的资料。企业里讲的故事往往可分为如下几个主要范畴：

◎ 难道我们做得不好吗！我们最引以为荣的事、成绩、某些官方的认可。

◎ 警示故事。我们从错误中吸取教训；如果我们不……就不会出错；因为这个问题，我们找到了解决办法。

◎ 勇气故事。我们从重重困难中幸存，我们突破了所有的阻力。

◎ 英雄故事。超额完成工作任务的人，企业中具有多年工作经验的"部落长老"或奠基人。

◎ 释放压力故事。讲故事是为了释放压力，保持轻松。

当为你的培训课程、会议或某些其他学习目的而斟酌故事的适用性时，下列问题可能有所帮助：

◎ 人们愿意分享他们的故事吗？

◎ 故事贡献者是愿意匿名，还是把自己的名字加上去呢？

◎ 为什么这个故事会让我产生共鸣？

◎ 这个故事也会以同样的方式与整个团队产生共鸣吗？

◎ 故事的语言、文化、价值观以及所传递的信息，用在特别的小组中合适吗？

◎ 故事会引起某些人的反感吗？

◎ 我希望通过这个故事传递什么信息呢？

◎ 这是一个启蒙故事还是警示故事呢？

◎ 我该如何利用这个故事呢？书面的还是口头的，一个词一个词地讲，还是挑主要的讲？

◎ 谁来讲这个故事呢？是故事的贡献者，还是找一个会讲故事的人呢？

◎ 故事需不需要做些编辑处理呢？

◎ 我什么时候使用这个故事呢，在培训中阐述一个特别的观点时，还是在培训前后供人反思呢？

结合说故事人的技巧来讲故事

> 讲故事的最大麻烦是它用各种形式，提醒其他人这是一个无聊的故事。
>
> 席德·西泽[1]

引入与过渡

在商业环境中讲故事时的过渡环节，是决定一个故事成败与否的关键因素。我发现最好的方式就是，在你日常说话的语气与讲故事之间做一个无缝式链接，让听众几乎意识不到你正在给他们讲故事。专业的讲故事者杰克·马奎尔（1998）将讲好故事的目标与在听众脑海中植入一种"缓慢释放的炸药"相比较。他说：

> 植入的时候可能不会发挥作用……通常情况下，当讲述者用一种极其平常的语气，和大家交流某种精彩的故事时才会产生动力。故事要潜移默化地进入到听众的思维里，而并非采取一种夸张的进入方式。

---

[1] 席德·西泽（Sid Caesar）美国著名影星。

你可能遇到的最糟情况就是将故事脱节，用一种高八度、幼儿园式的声音讲述。这会让参与者十分紧张，也会让你感到尴尬。他们甚至开始好奇你会在什么时候插入歌舞。请记住，讲述商业故事是成年人与成年人之间的对话。你之所以选用这个故事，是因为它有一些特别的与商业有关的因素。但这也并不意味着你一定要板着脸讲故事，只是说此处不需要太夸张，除非你认为这么做合适。就使用你正常说话时的语气，至少保持到你确信你的听众都已经"上钩"了，被故事吸引了，并且进入了 α 状态，这时你就可以尝试着将语速减慢，帮他们维持住这种状态。下面这些过渡链接可能会有用：

◎ 这使我想起了那时……

◎ 你听说过……

◎ 其中有一个例子……

◎ 让我告诉你我的意思是……

◎ 有一天我听说……

如果你特别想要让听众感兴趣（像第一部分中提到的），用这样的方式开始：

◎ 别告诉别人……

◎ 你知不知道……

◎ 你听说了吗……

◎ 你怎么也猜不到发生了什么……

◎ 我必须告诉你……

如果你很明显地引用了故事，你可以尝试着用最传统的"从前……"或者"你们坐好了吗？"开始。但要小心这样的开头都有其危险因素存在，你要确保你的听众是以一种"童心"而绝非"幼稚的"心态来思考。如果他们被迫采用了后者的思维模式，那毫无疑问，他们会反感你，他们的大脑就会迅速回到 β 状态[1]，那你试图做的所有努力就都是徒劳的了。

---

[1] β 状态，指完全理智的状态。

移情

最初的故事讲述者与他们的听众之间有一种天然的默契。我们要确保抓住任何了解听众的机会，他们认为什么有用、什么没用，他们接受什么样的语言等。当然我也强烈建议在最开始的时候，在听众的世界里讲故事，而不是把他们强拉进自己的世界。你的目标是使他们融入其中而不是反抗。这就是我们在谈话或培训课程开始时，为何避免引入"我"的故事，相反要关注"大家"的故事的原因。时刻改编你的故事，如果可能的话，结合名字、符号，或者听众间的内部笑话。讲故事时，要时刻保持和所有参与者之间的眼神交流，这可以帮助你表达，并与他们产生同感，与他们建立很好的沟通，这也给了你一个帮助自己判断他们对你的反馈的机会，同时也有助于使听众融入其中，让他们感觉到自己也是故事的一部分。

参与

讲好故事的另一个作用是，它是听众大脑中的一个引爆器。你很可能会发现你的学员们在听故事时，也想讲出自己的经历，他们很可能会把自己放在主人公的角度或者与故事讲述者结成同盟。无论出于什么原因，如果你觉得这与你的主题有关且又恰当，你就应该鼓励他们参与。但要小心行事，以免阻断目标的实现。

幽默

幽默是讲好故事的基本功，但任何幽默的讲述方式都要合时宜，让你和你的听众都能乐在其中。如果只是你自己觉得好笑而你的听众们不觉得，这种幽默就不合时宜。要清楚地意识到什么时候应该搞笑，什么时候不应该。你可以主要通过运用你的声音和非言语交流，来达到幽默目的。一定不要给出复合信号，这样你的听众们就不会在该笑与不该笑之间困惑了。不久之前一些团队成员告诉我，说我在表达风格上有一种自然的喜剧呈现，这对我来讲是一种巨大的褒奖，但在我讲悲伤或严肃的故事时我是不会那么做的。如果你不习惯表现幽默，那就不要用它。不要勉强地讲笑话，当然也不要停下来等着有人笑，因为可能永远也不会有人笑的。

意象

像前文提到的，生动而令人印象深刻的意象是故事讲述者的基石。意向的目的是引起感觉刺激，听众会通过自己的方式来审视这个故事，并融入其中。意象也包括象征性的代表和隐喻，这就给故事增添了色彩、乐趣和幽默感，尤其是一些离奇的故事，比如电视系列剧《黑爵士》[1]，作者理查德·柯蒂斯（Richard Curtis）和本·埃尔顿（Ben Elton）将这个过程，转变成了一个非常微妙的艺术形式。下面两段话引自《黑爵士》中，黑爵士说给他手下忍耐已久的男仆鲍德里克的话：

> 如果它把自己涂成紫色，光着身子在钢琴上跳舞，还唱着"绝妙的好主意又出现了"，那你就不会觉得那是一个绝妙的好主意。

> 这是一个危机，一个巨大的危机。事实上，如果想一想，你就会发现这是一个12层的危机，并且由一个华丽的入口进入大厅，大厅里铺着地毯，还有24小时的搬运服务，房顶上有一个巨大的标语，写着"这是一个巨大的危机"。

重复

我们都期盼着重复好故事。我们很容易回想起听"小红帽"的日子，你知道我的意思。重复会引导大家参与到故事中。在讲商业故事时，要谨慎地使用重复技巧。通常它强调的是重复故事中某些特定的元素，以此来鼓励听众建立信念。它也会置于人们的记忆中，刺激人们的想象力发挥作用。例如，"公司壮大"这句话并不能使人热血沸腾，但是"公司壮大……壮大……壮大……壮大"

---

[1]《黑爵士》(*Blackadder*) 是四部著名的英国历史情景喜剧的共用名，1983—1989年中由BBC1播出。

就为人们绘制了一幅完全不同且色彩丰富的画面，同时也为人们的感情世界注射了一针强心剂。

夸张

强调内容的另外一个策略是夸张。大多数专业的故事讲述者都会运用夸张技巧，但如果你想在企业中用这种技巧达到目的，你就需要让听众们清楚，无论你说什么都是夸张而并不一定是真实的。例如，我并不推荐夸张企业的经济地位，至少不要对你的银行经理夸张。如果你的夸张言论是伴随着幽默或讽刺的表达，听众们一般都能领会。在讲述商业故事时，我建议控制一下你对故事内容的夸张，而不是对讲故事的方式，我之前就提到过穿上小丑外衣的危险。值得记住的是，我们要平衡创造力与可信度的双重需求。

另外一种小说中的语言强调技巧是，用否定的话语来表达肯定的意思。例如，"她健康得让人讨厌""他想出了一个让人发疯的简单办法""她的声音好听得让人瘫软"。这是一个非常有用的技巧，因为它借用了否定情感的力量和强度，再结合意想不到的肯定词汇，因此造成了人们一时的迷惑和大脑中的不稳定。就像我们在第一部分中讨论的，这有助于我们的学习和记忆过程。

利用声音使故事变生动

注意讲故事的语调、音色、节奏、音量和声音的感情色彩，使这些因素与你的听众配合好。这是获得你们之间默契的另一种方式。调节你的语调和语速会制造兴趣与热情，并建立一种你想要营造的情绪，但不要太夸张。例如，使"兴奋"这个词听起来很兴奋是完全能够被接受的，但完全没有必要在语气上兴奋得同时上蹿下跳，还挥舞着双手……别的不说，你可能会弄伤你自己！

包罗万象的对话使人物更有生命力，并且使故事始终保持趣味性，但是再次强调不要让你的声音过分夸张。声音的细微改变就足以突出重点，让人们意识到这是另外一个人在说话。用停顿来达到夸张的效果，但不要停顿时间过长、停顿频率过高，那会使你的听众感到厌烦或者以为你忘词了。停顿可以加在很多地方来增强效果，例如：

◎ 在关键话语或故事的要点前停顿。

◎ 在关键话语或故事的要点后停顿，以便故事被人们消化吸收。

◎ 停顿结合夸张的行动，例如揭秘一个道具，或指向一些重要的东西。

◎ 增加效果的重复间停顿，例如，"她长啊……长啊。"

◎ 运用非言语的信号来强调停顿，如身体一动不动，脸上显出期待的表情。

◎ 故事结束时的停顿。

无论你何时使用停顿，一定要确保听众会觉得这值得一等。如果结果没能配合你试图要营造的喜剧效果，那么你就会让听众失望，从而失去了彼此间的默契。

你也可以通过改变声音的节奏，来改变故事的情绪和节奏。确保你说得足够慢，足够清楚，能够让听众听清楚你说的每一句话，但也不要慢到使听众感到厌烦。如果你描述的一些事情发生得"很慢"，或者你就要讲到故事的尾声了，你当然可以利用声音来加强叙述或强调结尾的重要性。注意不要把音量或者是音调降到极限，以至于你的听众还要互相打听"她说什么了？"这会毁掉整个氛围，并且让听众非常地恼怒。他们会认为自己一动不动地坐了十分钟，最后却错过了整个故事的要点。如果你想要听一些我讲故事的音频资料，可以浏览 Kogan Page 出版公司的网站。

非言语交流

有一句关于讲故事的老话——"表演出来，别光讲。"换言之，你的身体和表情应该始终与你所讲的故事保持一致，除非你故意想要达到讽刺效果。如果是一个欢乐的故事，你就应该看上去高兴；如果是悲伤的故事，你就应该看上去悲伤；如果是夸张的故事，你就应该看上去夸张。

同时，无论如何，都要看上去自信，如果你看上去就不确定，那么你的听众就会和你一样反应很尴尬。

用手势和动作来达到强调故事中关键信息的效果。例如，当我们讲到"下金蛋的鹅"时，在讲到"农夫的妻子看看金蛋，看看鹅，又看看农夫"时，我转而看了教室里的好几个角落，来强调句子中的不同部分。当卡莉·瑞德讲述关于安的故事时（参见第二部分"卡莉的故事"），懒惰的员工将"她的晚报半藏在书桌的抽屉里，无论何时我经过她的办公室，她都能够用胳膊肘迅速地把抽屉关上"，她非常自然地模仿了她所描述的用胳膊肘将抽屉关上的动作。这个故事讲完后，这个动作还在我的脑海中停留了好一段时间。杰克·马奎尔（1998）针对在故事中使用肢体语言的方面，给出了如下建议：

> 不要竭力地创造外在形象，或者做一些不自然的动作，如果你在日常生活中不是很擅长面部或肢体表达，那么你讲故事时的模仿变形就会让人觉得非常奇怪。

不管怎么样，你所讲的故事看上去、听上去都应该像是你的故事，而不是抄袭他人的故事。你要采取一种你认为舒服，并且你和你的听众都信赖、喜欢的方式来讲故事。记住，你只是故事的传导者，你的讲述应该让人感觉故事的内容，无缝递进而不会出现断层。把你和你所讲的故事看作是同一个实体，它不可能从一个地方开始，而在另外一个地方结束。

不做完美主义者

我发现，有很多培训师和教练喜欢将讲故事与他们收集到的技巧相结合，但在首次尝试时却感到非常紧张。如果你想得到更多的关于讲商业故事的指导，那么你可以浏览我的网页，那里有很多实用的小技巧和方法。或者你也可以来参加我的讲故事培训班，我们每年都会举办几届，详情请关注本书后的"扩展阅读"。

最重要的一点，永远也不要要求你讲故事的技巧达到完美，事实上，有时不完美更好。我以前参加过一个培训班，主持人提议我们每天都用一个比喻来描述我们偏爱的学习方法，以此来开始一天的培训。"例如，"她说着举起西班牙画家 Daliesque 的作品说，"这是我的"。我不认识你们，但我也不能在这紧要关头转身就走，我对即将到来的丢脸时刻感到恐惧。我都几乎要站起来说"对不起，我走错班级了"，然后离开。这并不是原则上的好办法，她给出了自己的例子，实际上就是明显的暗示你"你应该像我这样做"。我认为这种说明太过局限，并且也违背了比喻的性质。

因此，用同样的方法练习讲述你的故事，但不要使其听上去有些枯燥和废话太多。要有心理准备，你可能会卡壳或结巴，你甚至可能说错话。这只能使你和故事更令人信服。同样的道理也适用于任何首次尝试讲故事的朋友们。我经常被问到"这样对吗？"而我一贯给出的答案是"对，你的故事就是你的故事，怎么会错呢？"

总结

◎ 讲商业故事不同于讲儿童故事。

◎ 讲故事这种方法的引入要巧妙，给它加标签时也要小心，在有些情况下最好将它称之为"商业叙述"。

◎ 故事可以被用作岗前培训的一部分，让企业变得更有生命力。

◎ 你可以在培训或训练开始前，使用故事来鼓励学员们思考和反思。

◎ 未完成的或"相互关联的"故事可以被用在培训课程中，来延伸学习和激发好奇心。

◎ 故事可以用来激发创造性讨论。

◎ 故事可以用来阐释复杂的主题。

◎ 故事可以用作评估过程的一部分，无论个人的还是团体的。

◎ 不同的故事会产生不同的效果，你的选择要依据你的预期效果决定。

◎ 从哪里搜集好故事——企业内外都可以。

◎ 练习结合讲故事的技巧，包括移情、参与、幽默、意象、重复和夸张。

◎ 运用你的声音——语调、音调、节奏、音量、停顿，使故事更生动。

◎ 用非言语交流来加强故事效果而不是减损故事效果。

Part²

第二部分
然后,有一天……

启蒙故事

第一组故事意在帮助消除愚昧、理解知识以及增长智慧。它们可以解释一个困难或复杂的问题，它们能够提供精神食粮并且鼓励反思。[1]。

---

[1] 鲍勃·吉尔道夫（Bob Geldof）来自爱尔兰，是原摇滚乐队"布姆镇鼠"（Boomtown Rat）的成员之一。在过去20年的大部分时间里，他一直致力于唤醒人们对贫穷非洲的认识和了解，呼吁人们关注和拯救挣扎在死亡边缘的非洲难民。1985年7月13日，在鲍勃的呼吁下，声势浩大的"LIVE8"慈善演唱会在伦敦和费城同步举行，募集到8000万美元的款项，鲍勃也因此得到了1986年度诺贝尔和平奖的提名。

命运之手

故事

一个叫作信长的伟大的日本武士决定击败敌人。尽管他的士兵数量仅为敌人的 1/10，他依然很自信自己一定能打赢，可他的士兵却将信将疑。作战途中，他在神道教的圣庙停了下来，并对士兵们说："我参拜完这个神庙后，会掷一枚硬币。如果是人头的话，我们就会赢；如果是背面的话，我们就会输。把我们的命运交到这枚硬币手里吧。"

信长进到神庙里默默地祈祷，然后出来掷了硬币，结果是人头。随后他的士兵们都积极应战，结果在战斗中完胜。

他的士兵们战后都这么说："没有人能改变命运。"

信长说："其实不然！"然后拿出了一枚两面都是人头的硬币。[1]

反思

这个故事可以在领导之间和团队之间，引起关于信仰、价值观、正直观念以及个人信念的讨论。

此则故事可以应用于：

◇ 领导力。

◇ 团队协作。

◇ 正面思考。

---

[1] 瑞普斯，保罗（2000）《禅肉，禅骨》(Zen Bones)，企鹅出版社，伦敦

◇ 自我信念。

◇ 正直。

话题

信长这种应对局势的方法是正确的吗？

他是在欺骗他的士兵，还是在激励他的士兵？

如果投掷的硬币是背面的话，你能想象出故事会是怎样的吗？

信长还可以采取哪些其他办法？

这种领导方式放在现代的商业环境中，应该如何解读呢？

不同的世界

故事

著名的人类学家、探险家科林·特恩布尔（Colin Turnbull），以在非洲赤道附近的姆布蒂人（Mbuti）部落的工作经历而闻名世界。那是人类迄今为止唯一能配得上"侏儒族"这个称号的部落，他们的平均身高不足150cm。侏儒族生活在非洲中部茂密的热带丛林中。他们生活的地方是真正的"垂直世界"，在那里，从未有过地平线和水平的风景。像我们所有人一样，侏儒族几世纪以来，已经得到进化并适应了他们的生存环境，以至于如果有一天他们被迫离开那里，比如迁移到非洲的平原地区生活，他们就会变得十分焦虑，甚至厌恶并很难适应他们周围的环境。特恩布尔提到了他的姆布蒂人朋友肯吉以及肯吉在非洲大草原的经历。肯吉很难理解为什么一些山的山顶会有雪，并且始终无法相信特恩布尔的解释——那是水的不同形式。相反，他坚持自己对此的描述——那些是"某种白色的岩石"。

当他看到野牛在几英里远的地方盯着他时，他就来问特恩布尔："那些是什么昆虫？"当特恩布尔告诉他的朋友那是野牛时，肯吉就会大笑道："别撒谎！那些小东西怎么可能是野牛呢？"尝试任何关于距离和角度的解释，都是徒劳的。尽管如此，当他们的车开得越来越近时，那个"缩微的"野牛突然变得巨大起来，这时特恩布尔总是很好奇他的朋友脑子里在想些什么。他怎么向自己解释这种显而易见的变形呢？他是不是会认为那些"昆虫"现在都变成野牛了，或者刚才那些缩微的野牛都在几分钟内长得如此巨大了呢？但是肯吉保持了沉默，他选择不去分享他的想法，唯独在他们下车离别那一刹那，他耸耸肩说："那不是真的野牛。"即便如此，也没有人将他当成傻子。[1]

反思

也许我们会因为肯吉那显然具有局限性的思维而发笑，但当我们被带出自己感到舒适的范围，或暴露在陌生人或不熟悉的环境下时，我们同样也很容易被别人看作是目光狭窄的人。

此则故事可以应用于：

◇ 平等和多样性。

◇ 情商（了解自己和他人）。

◇ 认知。

◇ 融入新环境或新工作。

话题

你认为故事传递的启示是什么？

你能把肯吉的经历和你自己或他人联系起来吗？

你认为肯吉是个聪明的人吗？

特恩布尔是不是应该用不同的方式，来处理这种情况呢？

因为周围环境与我们所经历的不同而去批评它或怀疑它，这么做是对的吗？

---

[1] 特恩布尔（1961）《森林人》(Forest People)，乔纳森·凯普出版社，伦敦

第二部分
然后，有一天……

一副象棋

故事

大野洋子有时被人们称作"那个使披头士乐队解散的女人"。早在与约翰·列侬（John Lennon）相识前，她就是个非常有才华并且值得尊敬的艺术家。1966 年，她制作了一副巨型象棋，大约有 16 英尺（1 英尺 ≈ 0.3 米），让人目瞪口呆。

第一眼看上去，那雕刻像是一个传统棋盘（就是有些大）——士、兵、象都在上面。但事实上，它一点儿也不传统。所有的棋子都是白色的。所有的棋子，都站在那块仅做成一块白板的棋盘上。当你看着它时，你不知道这局棋该怎么下。大野洋子将它命名为"用信任去下这局棋"。

反思

"用信任去下这局棋"现在正在纽约汉东普顿镇附近的长屋艺术馆（Long House Gallery）展出。它传递的信息或许是依靠对手的诚实，游戏仍可进行（就如同这幅作品的名字），又或许强调冲突的徒劳，因为双方实质上都是一样的。

此则故事可以应用于：

◇ 认知。

◇ 交流。

◇ 矛盾应对。

◇ 情商（了解自己和他人）。

87

话题

大野洋子想用这副象棋传达什么信息?

这副象棋的名字"用信任去下这局棋"有什么意义?

怎么才能在这副棋盘上下象棋呢?

关于矛盾、对峙、竞争,这个故事告诉了我们什么?

富人与穷人

故事

有一天,一个有钱的父亲为了让他娇生惯养的儿子了解穷人的生活,带他到这个国家的一个很偏远的地方去旅行。他把儿子留在了一户他认识的贫穷的农民家,并安排他在那里住两天两夜。当他回来接儿子的时候,他问道:"你在这儿待得怎么样?"

那个男孩说道:"棒极了,爸爸。"

父亲问道:"那你知道穷人怎么生活了?"

男孩回答道:"是的,爸爸。"

"那你到底都学到了什么,儿子?"

儿子回答道:"我知道了咱们有一只狗而他们有四只;我们家花园中间有一个游泳池而他们有一条看不到尽头的小溪;我们的花园里有塑料路灯,而夜晚从他们的花园可以看到无数的星星;我们有一小块儿地可以修建我们的房子,而他们拥有你所看到的所有田野;我们有佣人来服侍我们,而他们用所有的时间来服务他人、帮助社区,这让他们感到快乐;我们从超市买食物吃,但他们都是自己种的;我们有围墙和保安保护我们的财产,而他们有朋友和邻居保护他们。"

男孩的父亲无话可说。然后他的儿子又说道:"我想我学到了咱们有多么的贫穷。"

反思

这个故事教会我们凡事都是相对的,一个人的财富对另外一个人来说可能是贫穷（反之亦然）。它也警告我们要意识到，别人可能从你所试图传达的信息中，领会到不同的学习要点。

此则故事可以应用于：

◇ 授权、约定。

◇ 知识分享。

◇ 学习与发展。

◇ 正面思考。

◇ 认知。

话题

这是一种有效的学习方式吗？

父亲预期的结局是什么？

这还是一个"正面的"教训吗？

你能从一个贫穷农民的角度，设想一下这个故事吗？

谁学到得最多？

劳伦·卢克：改变美丽的脸

故事

有些人可能一时想不起这个名字，但劳伦·卢克（Lauren Luke）的确是著名网络知名人物，她从英国北部南希尔兹的一个粉红色卧室起家，现在已经坐拥几百万英镑的身价。

这是一个现代经商成功的故事。当时劳伦·卢克正在做计程车调度员，她产生了批发化妆品在易贝[1]上出售的想法。她自己示范如何使用化妆品，然后拍成照片贴在网站上。随后，她收到了很多回复，她发现上传示范视频作为教程，会让那些想要学习她化妆风格的人们学起来更容易。她从来不为别人化妆，她说："人们最好能够自己为自己化妆。"

劳伦一生当中从未上过一堂化妆课，她创造了自己的一套化妆法。当然，她也会犯错。她的视频不是专业拍摄的，没有粉饰，也没雇演员，视频也从未编辑过。她说："我不知道怎么弄！"但她的粉丝们（现在全球大约17000000人）欣然接受她的脚踏实地、友好和有个性的化妆方法。她直接对着摄像机说话，有时会说错品牌的名字，有时直接公开批评一些产品，而她却说："你不用去在乎它！"

劳伦承认她上学的时候缺少自信，那时候因为她是班级里的"平凡女孩儿"而被欺负、被嘲弄，她也被她的老师评价为"什么都不是"。她开始用化妆来避开"侵略者"，希望这能使她更可爱。"这对男孩儿有效"，她笑

---

[1] 贝趣（eBay）于1995年9月4日由Pierre Omidyar以Auctionweb的名称，创立于加利福尼亚州圣荷西。人们可以在eBay上通过网络出售商品。

着说。

她的脚踏实地和自然的风格，与那些美妆工业中虚假、浓妆艳抹和粉饰面孔的对照。她说："我想人们已经看够了，他们想要看到人们真实的样子。我想我就是适时的在这个时间出现了。"

反思

人们会说这是一个"她不知道自己无知"的典型案例。有时不知道"正确的"步骤反而是件好事。

此则故事可以应用于：

◇ 品牌经营、市场营销。

◇ 情商（了解自己和他人）。

◇ 授权、约定。

◇ 正面思维。

◇ 自信。

话题

对于劳伦经商的风格，你有何感受？

比起给人化妆她更喜欢教人化妆。这是个好的策略吗？

你同意她"人们已经受够了"的说法吗？

劳伦缺少作为化妆师的培训，这是她的优势还是劣势呢？

关于在企业环境中培训与发展的关系，这个故事告诉了我们什么呢？

医生的疗法

故事

星期一

病人说:"医生,我睡不好觉。不是有事打扰我,我也说不上来,我就是睡不着。数绵羊、喝酒、洗热水澡、洗冷水澡,没有一个是有用的。"

医生说:"我知道了。每天睡觉之前吃两片这个药,周三再来看看吧。"

星期三

病人说:"医生,我还是睡不着。我非常疲劳,需要放松。"

医生说:"我知道了。吃两倍的剂量。周五再来吧。"

星期五

病人说:"医生,这个药不起作用。我们能不能再增加剂量呢?"

医生说:"那会很危险的。等等,我有个更好的办法。试试这个。"

"医生,我应该怎么使用这个机器呢?"病人问。

医生说:"把它拿回家去,插上电,打开开关,然后把它对着墙。你应该不到一分钟就能睡着。"

"我不明白。这是什么?"

"我们办公室正为全体员工提供在职培训。这是一台下载了我们45分钟幻灯片演示的投影仪。如果它还不能让你睡着,那我就没办法了。"

反思

最初设计幻灯片时，它是一种提升陈述质量的创新工具。但是太多的演示者将它看作是自己的替代品，这就使它失去了作用。我看过的一些最出色的陈述，根本就不需要用幻灯片。

此则故事可以应用于：

◇ 表达技巧。
◇ 沟通交流。
◇ 学习与发展。

话题

你能联想到这个故事中暗示的警示吗？

你有没有因为自己过度依赖幻灯片和影像而感到羞愧？

如何能够提高表达技巧使其更易理解？

在不依靠影像的情况下，你如何用更好的表达技巧来培训他人呢？

绿野仙踪

故事

当人们揭露巫师根本不是真正的巫师，而是被桃乐丝称之为"骗子"的家伙。这三个朋友悔恨他们没能够实现旅程的目的——头脑、勇气和爱……

桃乐丝说："我认为你是个非常糟糕的人。"

"噢，不，亲爱的，我真的是个好人。不过我必须承认，我是个非常糟糕的巫师。"

稻草人说："你能给我头脑吗？"

"你不需要，因为你每天都会学习些什么。婴儿有头脑，但他什么也不知道。只有经历能够教会你知识，你在这个世界上活的时间越长，你就会有越多的经历。"

狮子紧张地问："那你能给我勇气吗？"

奥兹回答道："你很有勇气，我确信。你所需要的只是自信。当面临危险时，所有生物都会感到害怕，而这种面对危险的勇气你已经有很多了。"

铁皮人问："那我的心呢？"

奥兹回答道："至于那个，为什么呢？我觉得你想要颗心是不对的，它使大多数人不快乐。如果你了解这个的话，没有心就是件幸运的事。"

铁皮人说："那一定是看法不同。对于我来讲，如果你能给我心的话，我会毫无怨言地接受所有的不快乐。"

奥兹温顺地说："很好！明天来找我，你就会拥有一颗心。"

他叹了口气，自言自语道："我已经扮演巫师这么多年了，不妨再演一次。"[1]

反思

很多学者说《绿野仙踪》是对 1890 年美国的政治、经济和社会事件的寓言或隐喻。桃乐丝勾画出每个人，飓风代表动荡的政治，梦境人代表了小人物或普通市民。无论你偏爱哪种理论，这个故事仍旧是一个有力的讨论工具。

此则故事可以应用于：

◇ 现实目标设定。
◇ 正直、谦虚。
◇ 认知。
◇ 自信。

话题

你同意巫师关于头脑和勇气的评论吗？

像巫师建议的，没有心是不是比较好呢？

你能与他们三个中的一个（或所有）联系起来吗？

假装成奥兹的居民这么多年，巫师是不是个"非常糟糕的人"呢？

---

[1] 莱曼·弗兰克·鲍姆的《绿野仙踪》，乔治·米希尔公司了 1900 年出版。

真正的国王

故事

伊朗国王听说博巴乐是西方世界最聪明的人之一，十分想见到他，于是就向他发出邀请，请他来访问自己的国家。在一个适当的时候，博巴乐来到了伊朗。当他到达皇宫时，他大吃一惊，发现坐在王位上的不是一个国王而是六个。他们看上去都十分相像，都穿着国王的长袍。哪个是真正的国王呢？他很快得出了答案。博巴乐十分自信地走近国王并向他鞠躬。

国王迷惑地问道："你是怎么认出我的？"

博巴乐微笑着解释道："所有的假国王都看着你，而你自己却看着前方。即便是穿着皇袍，普通人还是会一直看着他们的国王来得到支持。"

国王高兴地拥抱了博巴乐并赐给了他很多礼物。

反思

在培训课程或会议中，如果你想知道谁是团队中最有影响力的人，这是一个非常有用的策略。用一个无伤大雅的问题作为开场白，如"我能把窗子打开吗？"如果你仔细观察，你很有可能发现所有的眼睛，都盯着那个团队中的"主要影响者"或做决定的人。

此则故事可以应用于：

◇ 交流。

◇ 创造力。

◇ 情商（了解自己与他人）。

◇ 影响力。

◇ 领导力。

◇ 团队协作。

话题

你赞同博巴乐的策略吗？

其他人应不应该"看着他们的国王来寻求支持"？

你们企业内外的主要影响者是谁？你怎么知道的？

你影响他人的方式是什么？

你能使用一个和博巴乐类似的技巧吗？

城里老鼠与乡村老鼠

故事

  从前有两只小老鼠，一只住在城市中时髦辉煌的大房子里，另一只住在乡村田野边的篱笆下。一天那只乡村老鼠乔休尔暗想："我得请我的表哥安格尔到这里来度个假。现在是乡村里一年当中最好的时候，篱笆和树上都盛开着花，还有好多吃的。我肯定它会喜欢这里的。"

  打定主意，几天后安格尔就从它城里的家来到了乡村。它胳膊上挎着LV包，穿着炫耀的马甲和裤子。但当它参观完乔休尔的小家时，它不屑地耸耸鼻子。

  "原谅我，表弟"，它说着小心地拎起自己的尾巴，以便不让它沾上泥土，"我不知道你过得这么穷。你必须跟我回城里去，过一过'真正的'生活。"

  所以第二天，在安格尔度过一个"糟糕的"夜晚后（它尽量不让篱笆上的雨水弄湿自己，并尽量隐藏它对晚饭提供的坚果和梅子的厌恶），这两兄弟启程到了安格尔城里的家。

  "看，这才是个家的样子！"它一边骄傲地说，一边领着乔休尔穿过壁脚板的洞，来到了厨师存放所有食物的食品柜。当乔休尔看到眼前这一大堆食物时，它倒抽了一口气。但这些都不是它习惯吃的食物——油腻的奶酪、肉、蛋糕和一些闻起来很香的巧克力——真不知道从哪个开始吃才好。但是还没等它们尽情地吃，就听见安格尔大喊道："猫！"随后就拽着它那目瞪口呆的表弟跑回到壁脚板。

  令乔休尔沮丧的是，这个事件给它今后的日子留下了阴影。每次当它们兄弟俩开始吃晚餐时，那只猫就会阴险地出现在食品柜门旁，它们就得赶紧跑回安全的地方。很快乔休尔就精疲力竭了，紧张遍布它全身的细胞，它开始对它们吃饭时，那持续不断的打扰厌恶至极，甚至连巧克力都显得不那么好吃了。

到了最后，在逃过了那只猫最近的一次突袭后，那只乡村小老鼠说："十分感谢，表哥。感谢你的热情款待，但我不能这样生活。我紧张不堪，我必须回到和平安静的乡村去。我觉得我再受不了这种……嗯……刺激。"

说完后，它拿起自己的行李（里面装着几件破衣服）回到了它篱笆下的小家。留下它的表哥安格尔陷入了沉思，它若有所思地抚着自己的胡须。

它说："没有什么能比得上美味！"[1]

反思

我想到了那句谚语"人各有志"，这可能最适合这个故事了。尽管我们可能曾油嘴滑舌地说"穿别人的鞋"，但我们从未设法那么做。

此则故事可以应用于：

◇ 应对改变。

◇ 情商（了解自己和他人）。

◇ 认知。

◇ 现实目标设定。

话题

关于人们的观点这个故事告诉了你什么？哪一个才是最好的居住环境？

我们真正试图了解别人的世界观到何种程度呢？在商业环境中，迫使某人改变环境的结果会是什么呢？

---

[1] 复述伊索寓言。原文收录在罗德和米奇（1989）《伊索寓言》，乔纳森·凯普出版社，伦敦。

学会学习

故事

　　东晋时期,著名的诗人陶渊明是一位高尚又有学识的学者。一个年轻人对他说:"我很崇拜您,因为您知识如此的渊博。您能告诉我学习的最好方法吗?"

　　陶渊明说:"没有最好的方法。如果你努力学习,你就能取得进步;如果你偷懒,你就会被落在后面。"他领着这个年轻人,带他来到田里。他指着一棵小苗说:"仔细看。你能看出它在长大吗?"这个年轻人盯着它看了一会儿然后说:"我看不出它在长大。"陶渊明问:"真的吗?那么这棵小苗后来如何才能长得那么高呢?"他继续说道:"事实上,它每时每刻都在长。可是我们的眼睛是看不出来的。学习也是同样的道理。我们的知识一点儿一点儿地积累。有时我们甚至意识不到。但如果你坚持这么做,你就会取得很大进步。"

　　然后,陶渊明指着一块儿小溪旁的磨刀石问那个年轻人:"为什么这块石头的凹面磨得像一个马鞍?"年轻人回答道:"是因为人们日复一日地用它磨刀。"陶渊明又问:"那它是哪天才成了这个形状的?"年轻人摇摇头。陶渊明说:"因为农民们日复一日地使用它。学习也是一样,如果你不坚持学,你就会落后。"

　　最后,年轻人明白了。他谢过陶渊明。陶渊明为他写下了如下的话:"勤学如春起之苗,不见其增,日有所长;辍学如磨刀之石,不见其损,日有所亏。"

反思

　　学习若想取得成效就得有一个坚持和勤奋的过程。有些人在学习计划开始时充满了热情与力量，但他们投入精力过多，热情也很快就用光了。最好采取一种稳定持续的学习方法。

　　此则故事可以应用于：

◇ 融入新环境或新工作。

◇ 学习与发展。

◇ 动机与回报。

◇ 人才管理。

话题

这个故事怎样与你企业中的学习文化相适应？

有没有人被鼓励循序渐进地坚持学习？

学习进度太快的危害可能是什么？

坚持学习在企业中会得到何种回报呢？

记住小事

故事

我的一些姐妹们在澳大利亚工作。在当地土著居民的拘留地，有一个老人。我保证，你从来没见过有人像这个穷苦的老人那样，生活得如此艰难。他完全被人们忽略了。他的家又脏又乱。我告诉他："请让我帮你打扫下房间，洗洗衣服，整理下床铺吧。"他回答道："我这样很好。就让它那样吧。"

我又说："如果你允许我帮你做这些，你会感觉更好的。"他最后同意了。所以我能够帮他打扫房间、洗衣服。我发现了一盏很漂亮的台灯，覆盖着灰尘。只有上帝知道它有多久没被点亮了。我对他说："你不点灯吗？难道你从来都不用它吗？"

他回答道："不，没人来看我。我不需要点亮它。我为谁而点亮它呢？"

我问道："如果姐妹们来看你，你能每晚把它点亮吗？"他回答道："当然。"

从那天起，姐妹们都记得每晚去看他。我们擦拭台灯，每晚姐妹们都会将它点亮。两年过去了，我已经完全把这个人忘了。他给我发了一条信息："告诉我的朋友，她在我生命中点亮的灯仍然亮着。"我觉得这是件非常小的事。我们需要记住小事。[1]

反思

永远不要低估了看似微小的善举，感受到它们的人会随着生活的改变而感

---

[1] 特蕾莎修女（1997）《在世界心中》（*In the Heart of the World*），新世界图书馆，诺瓦托，加拿大。

激一生。

此则故事可以应用于：

◇ 情商（了解自己和他人）。

◇ 认知。

◇ 正面思考。

◇ 正直、谦虚。

话题

为什么这束光对这个老人如此重要？它象征着什么？

这个老人说"我为谁点亮它"是对的吗？

你为别人做过哪些可以被看作是"善举"，而被感知的"小事"？

此种善心用在现代世界还合适吗？

黑白石子

故事

很久以前，有一个叫格西的佛教和尚。他唯一的修行就是近距离审视自己的思维，这样他就能够在任何错觉或消极的想法出现时驱除它们。为了帮助他修炼和检测自己的进步，格西总是随身带着一副黑棋子和一副白棋子。无论何时有消极的想法出现在他的脑海中，他就在前面摆一颗黑棋子。当有和平积极的想法出现时，他就摆一颗白棋子。每天结束时，他就会数一数棋子。有些时候，黑子比白子多，如果这种情况发生了，他就会谴责自己，第二天再设定一个目标，更努力地尝试。如果白子比黑子多，他就会表扬、鼓励自己。在这个测试之初，黑子比白子多得多，但是几个月、几年过去后他的思想达到了一定境界，以至于一天下来一个黑子也没有。[1]

反思

很多时候反映一个人进步的、有形的、可见的标记（图表、清单或曲线图），可能是非常有用的工具。

此则故事可以应用于：

◇ 授权、约定。

◇ 现实目标设定。

◇ 动机。

---

[1] 本文源自格桑嘉措（2000）《八步就幸福》(*Eight Steps to Happiness*)，塔巴印刷公司，格兰斯佩，纽约

◇ 绩效管理。

◇ 自信。

话题

你认为使用黑白棋子是一个好办法吗？

你用什么方法来标记进步？

有必要像记录积极方法那样去记录消极方法吗？

你一天下来是黑子多还是白子多？

影响的力量

故事

5岁大的伦对他的弟弟杰已经完全失去了耐心，因为杰弄坏了他的乐高积木。伦使尽全身力气咬了杰，令人吃惊的是杰却没有哭。当听到杰痛苦的叫声时，他们的妈妈赶快跑进来并责备伦，还命令他放好乐高积木。作为对这种巨大不公平的反应，伦大哭起来，但他妈妈还在气头上，并没有去哄他。

就在这时，原本是受害方的杰却开始关心起他悲痛的哥哥，他开始富有创造性地安慰起伦。他说："别哭了，伦！别哭了！"但伦还是哭。然后杰替伦恳求他们的妈妈："伦哭了，妈妈！伦哭了。看。我领你去看。伦哭了。"然后杰转向伦，以妈妈的方式用胳膊拍着他哭泣的哥哥，用安慰的语气和他说："伦，不要再哭了。"

但伦还是继续抽泣着。杰没有放弃，采取了另外一种策略，去帮忙收拾那些引起不愉快的乐高积木。"我帮伦把它放好！"然而这种尝试也是徒劳的，于是机灵的杰又试了另外一种办法，这次是分散注意力。他给哥哥拿来一辆玩具车，他想让伦将注意力从乐高积木上转移开。"这是什么，伦？这是什么？"

这个缩微剧很好地证明了一个30个月大的孩子的老练，他可以利用他人的感情去试图影响他人。[1]

---

[1] 摘自丹尼尔·戈尔曼（1995）《情商》，布鲁姆·斯伯里。

反思

我们有太多影响他人的方法，当我们还是孩子时会经常用到，但长大后我们往往忘记了。我们更喜欢诉诸那么一两种我们通常能取得良好效果的方法。重新学会影响他人技巧的最好办法之一，就是观察一个试着找到办法的孩子。

此则故事可以应用于：

◇ 交流。

◇ 影响力。

◇ 认知。

◇ 解决问题。

话题

你从故事中得到"影响力"的定义是什么？

故事中所阐述影响力技巧的不同种类是什么？

你影响他人的经验是什么——小时候或者长大后？

你喜欢的影响力方式是什么？

你或者他人会采用杰那样更加灵活的方式吗？

精灵与鞋匠

故事

从前，这里住着一个鞋匠和他的妻子。鞋匠是一个善良又诚实的人，但却过着艰难的生活（这不是他的错）。他太穷了，只剩下做最后一双鞋的皮料了。所以，那天晚上他一边剪皮料，一边对他的妻子说："我明天要早点起来把这双鞋缝起来。之后……我不知道我会去干什么。"

但第二天早上，他惊奇地发现一双已经做好的漂亮极了的鞋子，站在桌子上向他问好了。他看着这双鞋——它们被缝合、抛光得十分漂亮，比他自己做得还要好。很快，一个有钱的客人来到了他的鞋店。在窗子里看到了这双鞋，他感叹道："这双鞋真漂亮！"他太喜欢这双鞋了，最后出了个好价钱，比鞋匠平时的要价高多了。现在，鞋匠有钱买足够做两双鞋的皮料了。又一次，他把皮料裁好，准备第二天把它们缝起来。但他不需要了，因为，第二天早上，他的桌子上又有了两双鞋，都像上一双做得那么美。又一次，迫切的顾客来到他的店里，一番赞美后，出了一大笔钱买下了它们。

这次，鞋匠有足够做四双鞋的皮料钱了。又一次，他剪好皮料，对妻子说："我明天要把这些缝起来。"早上，四双漂亮的鞋已经在桌子上了，等着被卖出去。这种事情持续了一段时间，渐渐地鞋匠和妻子摆脱了负债，又过上了好日子。

一天晚上，鞋匠对他的妻子说："我很好奇，是谁用这种方式帮助了我们呢。我真想感谢他们的善心。"他的妻子也同意，于是他们藏在了房间缝鞋的

109

角落里。然而过了一会儿，什么事也没发生。大约午夜的时候，两个赤裸的精灵出现了。二话不说，他们坐下就开始忙了起来，用他们的小手缝鞋、钉鞋。直到一切都完成了他们才停下来。然后，他们飞出窗子离开了。鞋匠和他的妻子简直不敢相信自己的眼睛。

第二天，鞋匠的妻子说："我们欠小精灵们太多了，我想为他们做点什么作为回报。也许我可以为他们做些衣服让他们保暖。我可以给他们每个人做件衬衫，做条裤子，再做双鞋。"鞋匠也觉得这是个好主意，他们一起做了衣服并放在了桌上，这样精灵们一进来就能看见。果然，还是那个时间，这两个小家伙又出现了，准备像往常一样开始工作。但当它们看到善良的鞋匠夫妇为他们做的衣服和鞋子时，他们笑了，欢乐地跳起了舞，赶快把衣服穿上了。一边穿一边唱：

"现在我们是漂亮又整洁的男孩儿，为什么还要忙碌为别人做鞋？"

笑着，他们径直跳出窗子。从那天以后，鞋匠和他的妻子再也没见过这两个精灵。[1]

反思

此则故事可以应用于：

◇ 正直、谦虚。

◇ 领导力。

◇ 动机与回报。

◇ 团队协作。

话题

一旦得到回报，精灵们就不工作了。回报他们是对的吗？

---

[1] 复述传统故事来自故事集《格林童话》作者雅科布·格林和威廉·格林，1812年首版。

这个故事的一些其他版本，说精灵们觉得衣服太束缚了。这是他们需要的礼物吗？

鞋匠和他的妻子应不应该以这种方式来回报精灵们？

鞋匠和他的妻子从精灵那里得到了什么教训？

隐藏的宝藏

故事

一个老乞丐已经在路边行乞很多年了。一天，一个陌生人走向他，老乞丐满怀希望地伸出一个已经褪了色的旧棒球帽，乞求道："给点儿零钱吧？"

陌生人答道："我没钱给你，除非……你坐在什么上面呢？"他沉思着说。

"什么也不是，"乞丐回答道，弯下腰看着自己的脚，"就是一个旧盒子，我已经记不清坐在这上面多久了。"

陌生人问："里面装的是什么？"

乞丐回答道："什么也没有。是空的，我想。"

陌生人问："所以，你从来都没打开过？为什么不打开看看呢？"

乞丐回答道："这好像也没什么重要的……"但不管怎么样，他弯下腰，开始使了点儿劲儿，打开了盖子。令他惊讶的是，盒子里装得满满的金子。[1]

反思

我们所有人都有自己未知的、不曾承认的或未发掘的素质。

此则故事可以应用于：

◇ 创造力。

◇ 情商（了解自己和他人）。

◇ 授权、约定。

---

[1] 复述故事引自埃克哈特·托尔（2005）《当下的力量》，霍德和斯托顿出版社，塞文欧克斯，肯特。

◇ 自信。

◇ 人才管理。

话题

这个故事对你的意义是什么?

被你或者你认识的人，坐在上面的"盒子"是什么?

每个人都有被隐藏的宝藏吗?

什么会影响你或他人打开盒子?

打开盒子会不会有什么不好?

豌豆公主

故事

从前有一位王子，他想找一位公主结婚，但是她必须是一位真正的公主。他走遍了全世界，遇见了很多漂亮、聪明的女子，但她们总有一些地方不大对头。对王子来说，没有一个看上去像真正的公主。结果，王子只好回家，他感到既疲惫又悲伤。

一个暴风雨的夜晚，风雨无情地敲击着城堡！这时，有人在敲门，开始声音很小，然后越来越大声、越来越急促。老国王就走过去开门，站在城外的是一位全身都被淋湿了的年轻女子。

她祈求国王："请让我进去躲会儿雨吧？"国王接纳了这个可怜的姑娘，并欢迎她住在城堡里。女孩说自己是位公主。听到她这么说，老皇后心想："这点我们马上就可以查出来。"她走进公主的卧房，把所有的被褥全部搬开，在床榻上放了一粒豌豆，然后她取出20张床垫子，把它们压在豌豆上。随后，她又在这些垫子上放了20床鸭绒被。

早晨，王后问他的客人昨晚睡得怎么样。公主说："啊，不舒服极了！我差不多整夜都没有合上眼！天晓得床下有什么东西？有一粒很硬的东西咯着我。看，我全身青一块紫一块的！"现在国王和王后，相信了她的确是一位真正的公主。因为压在这20层床垫子和20床鸭绒被下面的一粒豌豆，她居然也能感觉出来。除了真正的公主以外，任何人都不会有这么稚嫩的皮肤的。

因此，那位王子就选她做了妻子，因为他知道他得到了一位真正的公主。这粒豌豆因此也送进了博物馆供所有的人参观,以此来证明这是一个真实的故事。[1]

反思

近些日子,情商被看作是一个成功领导者的必备品质,我们是否对形势过分敏感了呢?

此则故事可以应用于:

◇ 正直、谦虚。

◇ 情商(了解自己与他人)。

◇ 平等与多样性。

◇ 认知。

话题

公主对于豌豆的反应是一个温和的、有同情心的暗示呢,还是什么其他的?

"豌豆"测试可信吗?对于这个年轻女孩的反应,还有其他的解释吗?

王后测试公主的行为是对的吗?

有没有哪些时候这种敏感是不好的?

---

[1] 复述汉斯·克里斯丁·安徒生的一个传统童话故事,1835年首次出版。

就这样结束了吗

故事

1985年7月13日,为了帮助埃塞俄比亚的饥民,鲍勃·吉尔道夫(Bob Geldof)和米治·尤里(Midge Ure)组织的慈善义演音乐会,在伦敦和费城开唱。英国现场有82000人出席,美国有100000人出席,是有史以来聚集摇滚音乐家最多的一次。在吉尔道夫的自传中,他总结这一天当中的最后那个时刻:

现场义演音乐会那天,是历史上观众人数最多的一场。在17个小时现场音乐表演的最后,美国这场活动的发起人比尔·格雷汉姆(Bill Graham)登上费城的舞台。晚上11点,我走出伦敦的夜总会,我在那里观看这场我所见过的全世界最盛大音乐会的最后一段,结束时是凌晨4点。对我们两个而言这意味着胜利。

"我成功了。"我心里这样想。

"这真是难以置信。"3000英里(1英尺≈1.6米)以外的比尔这样认为。

在费城,他们在打扫舞台。在伦敦,他们在打扫街道。我们两个的周围,是最后剩下的欢呼的人群。当我爬上出租车时,比尔走进空旷的体育场。舞台前是一群孩子,在那儿徘徊,喝他们剩下的啤酒。

其中一个转向他喊道:"嘿,是你,比尔·格雷汉姆。"

比尔带着询问的微笑看着他们。

那个孩子喊道:"就这样结束了吗?"这也是我一直问自己的问题。[1]

---

[1] 摘自鲍勃·吉尔道夫(1986)《就这样结束了吗》(Is That It),西奇威克 & 杰克逊出版有限公司,伦敦。

反思

这个故事的推论是：与贫穷和疾病的斗争是没有止境的。

此则故事可以应用于：

◇ 解决问题。

◇ 应对改变。

◇ 领导力。

◇ 项目管理。

话题

这个男孩是问演唱会结束了吗，还是指其他什么结束了？

看过从未见过的大型演唱会，这个男孩的话听上去有些轻视。会不会因为给了人们太多，而让人们有了更高的期望呢？

像吉尔道夫所面临的这种问题能被解决吗？还是会不断再次发生呢？

为什么吉尔道夫说"这也是我一直问自己的"？

警示故事

第二组故事意在教育和警示某种威胁或潜在的危险。这些警示故事的结局往往不那么圆满——事实上，它们的作用就是让听众感到震惊而不是满足。这20个故事，包括传统童话故事和有关现代工作场所灾难的故事，它们可以被用作小组讨论的焦点或知识分享的载体。

这些故事可以被应用于涉猎如下主题：应对改变、解决问题、项目管理、人才管理、团队协作、客户服务、认知、正直和谦虚。

下金蛋的鹅

故事

从前有一个穷苦的农夫和他的妻子，住在一个摇摇欲坠的小屋里。他们只有几只绵羊、几只山羊和一只鹅。一天，当农夫去捡鹅蛋时，他发现这只鹅下的不是普通的蛋，而是一枚实实在在的金蛋。农夫看看这枚蛋，看看这只鹅，又看了看周围。他说："这一定是什么鬼把戏！"接着把自己的妻子叫了出来："老婆子，快出来看！"农夫的妻子出来看看是什么让农夫如此大惊小怪的。农夫说："这只鹅下了个金蛋！"农夫的妻子看看这枚蛋，看看这只鹅，再看看农夫。她说："这一定有什么诡计。我们为什么不把这只蛋拿到村里去让金匠看看？"

金匠确定这只蛋是金的没错，并愿意给农夫和他的妻子出个好价钱，他们这辈子也没见过这么多钱。第二天，农夫又去看那只鹅。果然，那只鹅又下了一枚金蛋，一枚比上一枚更大更闪的金蛋。农夫等不及将这枚金蛋又拿到村里，并且卖到了上回两倍的价格。这之后的每一天，这只鹅都会下一枚金蛋。农夫和他的妻子也变得惊人地富有。他们搬出了自己那摇摇欲坠的小屋，住进了华丽的大房子里。他们也不再穿农民的衣服，而是穿当下能买到的最时髦的衣服。他们雇了个农工帮他们做农场里的重活，而他们自己则闲坐在那儿和新交的朋友吃东西聊天。

那只鹅一直下着金蛋。但是有一天，农夫的妻子说："你知道吗，我发觉那只鹅变得越来越肥了。看看它，它都快在院子里溜达不动了。它让这个地方看上去脏兮兮的。不管怎么样，我们花太多钱喂它了。我应该告诉那女孩少喂它一点。"之后，这只鹅只能每天吃其他动物的残羹剩饭。它开始变得越来越瘦，下的蛋也变得越来越小。

一天，农夫的妻子说："这只鹅变得这么难看，下的蛋连以前的一半都不到。靠它下的蛋我们都快吃不上饭了。我有个好主意，不如我们把它杀了，然后打开看看？这样我们就能够一次得到所有的金蛋了，不用一天天地等。并且我们也不用每天喂它了。想想我们会省多少钱！""好办法！"农夫说。刻不容缓，他拿起了斧子就砍下了那只鹅的头。

这对愚蠢的夫妇赶快去看鹅的肚子，希望能发现一大堆金蛋。但是肚子里却没有金蛋，它就像其他普通的鹅一样。现在意识到已经太晚了，再也不会有金蛋了，因为他们已经杀死了为他们下金蛋的鹅。[1]

反思

千万要小心别毁了那个带给你好运的东西。

此则故事可以应用于：

◇ 领导力。

◇ 项目管理。

◇ 战略规划。

◇ 现实目标设定。

◇ 品牌经营、市场营销。

话题

这是一个警示故事。这个故事给了我们什么警示呢？

农夫和他的妻子得到了什么教训？

你能把这个故事和你个人或他人的经历联系起来吗？

这个故事怎样才能有一个圆满的结局呢，或者你认为这个结局本就是个圆满的结局吗？

---

[1] 复述故事。原文收录在罗德和米奇（1989）《伊索寓言》，乔纳森·凯普出版社，伦敦。

早产儿

故事

一天,一个男人在院子里散步时发现了一枚蝴蝶茧。他正观察这枚茧时,茧上面出现了一个裂缝。他被这个场景迷住了,坐下来观察了好几个小时,看着小蝴蝶挣扎着将自己的身体从这个小洞中钻出来。它挣扎了很久,然后停下来了。它看上去已经放弃了挣扎。

这个男人决定不再袖手旁观,不能看着这只精疲力竭的蝴蝶死去。所以,他拿出了一把剪子,剪开了茧上面原有的那个为这只小昆虫出世造成麻烦的小洞。果然,小蝴蝶很容易就出来了。但令这个男人失望的是,这只蝴蝶的身体巨大而臃肿,翅膀看上去像枯干了一样。这个男人继续观察这只蝴蝶时,他确信一对色彩斑斓的翅膀会适时地从它那丑陋的身体两侧出现、展开,它的身体也会变得和普通的蝴蝶一样大小。

但不幸的是,什么也没有发生。事实上,这只蝴蝶将它生命中最后的时光耗费在了用它那臃肿的身体和蜷缩的翅膀爬行上。它再也没飞起来,并且很快就死去了。这个出于好心的男人不知道,事实上这个小东西破茧而出之前的挣扎,恰恰是它成为蝴蝶所经历的必要过程。这个过程迫使体液从蝴蝶的身体流向翅膀,这样一旦它破茧而出,就说明它已经做好了飞翔的准备。

反思

这个故事阐释了缺乏耐心与理解的危害,这给蝴蝶造成了毁灭性的后果。此则故事可以应用于:

◇ 学习与发展。

◇ 应对改变。

◇ 解决问题。

◇ 人才管理。

话题

蝴蝶的故事如何与你们企业中人才的发展联系起来？

在商业环境中，强迫改变或强迫发展的结果是什么？是好的还是不好的？

这个男人的行为起到了消极的作用，但是他的动机是善意的，还是恶意的呢？

黑点与绿泥

故事

　　一个印版制造商请我帮他们的生产线制订一套解决问题的方案，因为他们在印版图层的过程中，总会出现一些瑕疵或污迹。他们花了大量时间解决这个问题，并且每次一旦有瑕疵或污迹出现，整个连续的生产线就要停下来，由此也造成了巨大损失。尽管白班的情况已经很糟了，但夜班的情况更糟。

　　我以监视他们的生产线、等待瑕疵或污迹的出现为开端，开始了我的工作。很快警笛就响了，生产线停了下来，于是我开始了我的观察。我走到操作员那里，看着印刷版问道："这是什么？"他回答道："黑点。"我又天真地问："你怎么知道？"这个人用一种应付傻瓜的口气答道："这是黑色的并且是一个点！"我开始意识到他们对出现的每一个化学反应，都有一个描述性的名称，从"白雾"到"绿泥"。

　　我问操作员的下一个问题是："当你发现这个污迹时，你会怎么办？"又一次，他叹了口气说："把它报告给管理员，然后他们就离开，回来后告诉我不同的做法。""夜班也是吗？"我问道，接着得到了肯定的回答。我又问："管理员会告诉你他们做了什么吗（通常是油膜混合的化学调整）？你会把每个污迹的解决办法记录下来，以备将来之用吗？"他很快地回答了我，声音语气坚定的使我毫不怀疑："不！"

　　我访问的下一站是管理员办公室。我回想起我和操作员的谈话，管理员再一次确认了我猜测的过程。然后我问道："你怎么知道每个污迹或瑕疵的处理办法？"他很快回答道："我有本书。"他很快从锁着的壁橱里拿出一本厚厚的手写书。打开后我看见"黑点""绿泥",以及很多其他的状况,每一个都附带着解决化学失衡的方案。犹豫了一下,我说:"你为什么不把这个书的副本给操作员一本呢?"那个管理员挖苦地看着我说:"那他们不就抢了我们的饭碗吗?"

反思

在某些企业中,还是会存在反感知识分享的状况。知识仍旧被看作是权利的控制工具,而不是被用来改善工作状态。

此则故事可以应用于:

◇ 知识分享。

◇ 学习与发展。

◇ 领导力。

◇ 人才管理。

◇ 团队协作。

话题

你的企业鼓励知识分享吗?

你会用新学习到的东西来抑制他人的进步吗?

你认为知识应该在为数不多的有特权的人中间分享吗?

获得知识是整个企业受益,还是个人权利受益?

为了想要一枚钉子

故事

> 想要个钉子,鞋却丢了;
>
> 想要只鞋,马却丢了;
>
> 想要匹马,骑士却丢了;
>
> 想要个骑士,战争却输了;
>
> 想要场战争,国家却没了。
>
> 这全是因为想要一个马掌钉。[1]

反思

这首诗强调了那些看似微小的行为带来的危害,因为它们反而会引起更大、更有危害的结果。这首诗是个很好的例子,它也可以指蝴蝶效应或混沌理论,并且可以用来阐明每个人承担责任的必要。

这首诗可以应用于:

◇ 项目管理。

◇ 战略规划。

◇ 应对改变。

◇ 客户服务。

◇ 领导者与团队。

---

[1] 来源不详。引自他人的一个传统故事,本杰明·富兰克林《穷查理年鉴》(*Poor Richard's Almanack*),1758。想法源自14世纪。

话题

　　你能把这首诗传递的信息，与企业中你自己的情况或他人的情况联系起来吗？

　　你有没有过因为小的疏忽，而丢失了整个"王国"的经历？

　　像这种趋势的因果链条不过是事后诸葛亮。有没有什么方法，能够阻止这个链条的发展？

虚荣的王子

故事

从前有一个年轻王子沉醉于自己英俊的外表。如果有游客来到他的宫殿，他就会问他们："你们见过像我这么英俊的人吗？"不稀奇，没人说见过。一个格外阿谀奉承的游客对他说："我想这个世界上，再没有像您这么好看的人了。我想即便是神仙也不可能像您这么英俊。"这使王子很高兴，他还到处去告诉人们自己比神仙还英俊。有两个神仙听到了王子的自夸，对他的虚荣感到十分愤怒，于是就来到了他的宫殿。

他们说："我们来看看你到底有没有你说得那么英俊。"虚荣的王子边照镜子边问道："难道我不是吗？"

第一个神仙说："你确实很英俊，陛下。但却不像我们早些时候看到您时那么英俊了。"

第二个神仙说："对，确实是，确实没有昨天您睡觉前，我们看到的您那么英俊了。"

年轻的王子吓坏了，他哭喊道："你的意思是我在几个小时之内就衰老了？怎么可能？"

其中一个神仙说："所有的凡人都会随着年龄的增长而改变、衰老，尊敬的陛下。给我一碗水，我会向您证明。"

一碗水马上被端来了。第一个神仙让王子仔细检查这碗水，然后离开房间。当王子离开时，第二个神仙小心地从碗里舀出半勺水。他们又把王子叫了进来。

第一个神仙说:"尊敬的陛下,现在,仔细看着这碗水,你看到它有什么变化吗?"

王子说:"没有。"

"但水减少了,"第二个神仙说,并拿出了勺子,"你英俊的外表也是这么衰败的。"

王子很为自己悲伤。但过了一会儿,当他平静下来开始思考神仙告诉他的道理时,他说:"我明白了,我的外貌、每个人的外貌都会日复一日地衰老。美丽的寿命很短。为什么我这么迷恋这转瞬即逝的东西呢?我应该专注于那些有意义且永恒的事情。"

那天之后,年轻的王子再也不照镜子了。在他退位时,他皈依做了和尚。

反思

这个故事阐明了改变的步伐是感觉不到的(无论好坏),同时它警示我们迷恋短暂的事物的危险性。

此则故事可以应用于:

◇ 应对改变。

◇ 情商(了解自己和他人)。

◇ 正直、谦虚。

◇ 认知。

话题

王子如此自信是错的吗?

他从这次经历中学到了什么?

在商场中,我们迷恋哪些短暂存在的事物?

这个故事是不是意味着,我们不应该拥有或渴望美丽的事物呢?

水仙与回声

故事

　　回声是个仙女，她总是聊天、讲故事使女神赫拉分心，这样她的丈夫宙斯就可以有很多时间去寻欢作乐了。当赫拉发现了回声的诡计，就夺去了她的声音，让她只能够重复别人说过的话。

　　回声爱上了一个叫水仙的英俊年轻人。镇上的男男女女都爱他，然而他却从不把他们放在眼里。回声到处跟着他，但却绝望地无法表达她的爱。有一天，水仙去树林里打猎，发现自己被人跟踪，于是喊道："谁在那里？"

　　得了相思病的回声答道："那里！"水仙喊道："过来。"

　　"来！"回声答道，跑过去拥抱了她的爱人。但水仙是个虚荣又肤浅的家伙，他推开了回声，喊道："别碰我！"

　　"碰我！"心碎地回声答道。

　　复仇女神涅墨西斯看到了这不愉快的一幕，她很愤怒水仙对回声的冷酷无情，于是决定惩罚他。很快，水仙俯下身在一个池塘边喝水。俯身时，他第一次看到自己在池塘里的倒影。还没意识到那就是他自己，他就疯狂地爱上了这个英俊的男孩。一次又一次，他俯下身去亲吻水中的倒影，最终他再也无法摆脱这显然是没有回报的爱。他变得越来越虚弱，最后就死去了。他死后，他的尸体消失了，在他死去的地方盛开了一朵美丽的白色花朵。从这一天起，水仙花就倚靠在水边，这样它就能够弯下身子凝视着自己的倒影了。[1]

---

[1] 复述希腊神话。

反思

故事继续进行着，水仙的母亲询问了一个先知，想知道他儿子的未来。先知告诉他，如果他不认识自己的话，水仙本可以活很久。在一些版本中这样写道：水仙不知道这个美丽的影像实际上就是他自己，他死于悲痛，因为他意识到他的爱，永远也不会以一种他所渴望的方式得到回报。

此则故事可以应用于：

◇ 认知。

◇ 交流。

◇ 情商（了解自己和他人）。

◇ 正直、谦虚。

话题

"认识自己"是什么意思？

在当今的社会，"认识自己"是件好事还是坏事？

水仙是傲慢还是无知，或者两者皆有？

复仇女神对他的惩罚公正吗？

猴子的交易

故事

　　一个研究动物行为的科学家,将三只关在动物笼子里的猴子摆成一排,第三只猴子的头上吊着一串多汁的香蕉。很自然,这只猴子本能地拽下了一只香蕉,而就在此时其他两只猴子被水淋得浑身都湿透了。这两只猴子有点被这场景惹怒了,于是开始攻击第三只猴子,但它似乎没受到影响,继续拽着香蕉,每拽一次,其他两只猴子就被水淋一次。

　　就在这时,科学家走向了笼子,将第三只猴子挪走,将另外一只新来的猴子关进了笼子。这只猴子的反应也是一样:它瞄准了那些可口的香蕉,但就在这时,在它刚伸出手要去拽香蕉时,遭到了其他两只猴子的攻击。当然这攻击对于这只新来的猴子毫无意义,但它马上就停止了设法得到香蕉的举动。

　　过了一会儿,科学家又来了。这次他把其中一只被淋湿的猴子挪出来,用另外一只新来的猴子代替它。这只新来的猴子也试图得到香蕉,也同样遭到了其他两只猴子的攻击。最后,科学家把最后一只原来的猴子也挪出来,再用一只新来的猴子代替了它。这只新来的猴子很快遭到了其他两只猴子的攻击,尽管头顶的香蕉和淋水系统已经被挪走了,当然,它也不会知道自己为什么遭到攻击。

　　科学家重复做着这个实验,尽管把水关上,任何新进到笼子里的猴子都会遭到其他两只猴子的攻击。

反思

这个故事阐释了学习的力量，以及文化是如何有效地一代代传承下来的，通常情况下不会有任何质疑。

此则故事可以应用于：

◇ 应对改变。
◇ 学习与发展。
◇ 动机与回报。

话题

故事的寓意是什么？

在你的企业中，人们是如何知道哪些行为是"可以被接受的"？

有没有哪些行为不遭任何质疑，就可以得到宽恕的？

关于动机和回报这个故事告诉了你什么？

关于负增强的力量，这个故事告诉了你什么？

母亲特别的声音

故事

　　我母亲又高又瘦，天生优雅，使她更加优雅的是她经常把头发挽起来梳成一个髻，还会用又长又时髦的烟嘴吸烟（在允许吸烟的日子里）。有了家庭后（例如我和妹妹），她决定回去教书，这在那个大多数妇女都放弃工作在家带孩子的年代，是十分稀奇的事。因此，母亲觉得有必要证明（给自己也给其他人看）自己的工作能力。当她被告知学校的一个督导要去听她的课时，她很自然地感到了不安，并且极度想要给他留下深刻的印象。督导手里拿着剪贴簿，走进了母亲的教室。

　　他低声说："你是教什么科目的，弗莱彻老师？今天早上我们要学什么呢？"

　　母亲想尝试着掩饰一下，她那可能听起来有点儿怪的苏格兰和约克郡混合的口音，那是她结婚后渐渐养成的说话方式，于是她就用了她最拿手的"特别"声音，一种葛丽泰·嘉宝（Greta Garbo）都会嫉妒的声音，慢慢地小心翼翼地回答道："我是教英语'和（and）'（缓慢又谨慎）数学的，麦格雷戈先生。"用这种方式，元音被拉长了甚至有些慢吞吞地，尤其是最后一个词："数学"（在英文发音中，"数学 maths"和"蛾子 moth"是有些相似的）。

　　督导微笑着回答："多吸引人哪！我想我以前还不知道学校里有人教鳞翅目昆虫学。"

　　母亲对他的反应报以微笑和点头示意，但她却不知道他话里的意思，母亲尽力在这堂课上保持自信、注重仪态。

督导离开学校后,母亲赶快跑到教研室查字典。可怕的是,她发现"鳞翅目昆虫学"是研究蛾子和蝴蝶的。[1]

反思

此则故事可以应用于:

◇ 交流。

◇ 自信。

◇ 正直、谦虚。

◇ 影响力。

话题

母亲忠于自己了吗?

她应不应该对督导承认她的错误?

你有没有遇过这样的经历,想要成为与自己不同的人却惹上麻烦?

人们说应对紧张局面的最好办法就是做你自己。这是一个好建议吗?

---

[1] 家庭故事。

狐狸与葡萄

故事

一个炎热的夏日,一只饥饿的狐狸走在路上,它看到了一大串看上去很多汁的葡萄,挂在一棵它够不到的葡萄藤上。

狐狸想:"这些葡萄一定能解我的渴,我都几乎尝到它们的味道了。"它馋得直流口水。它又跑又跳,尽量跳得高些,但是够不到藤上的葡萄。它还是不死心,又试了一次,这次它跑得更猛,跳得又高了一点儿,但还是够不到那棵葡萄藤。一次又一次,狐狸用尽它所有的办法去够那棵隐蔽的葡萄藤,但是都没用。它还是跳得不够高,够不到那棵葡萄藤。最后,它累了,决定放弃所有的努力。从那棵葡萄藤下走开时,它对自己说:"我并不是真地很想吃那些葡萄,因为它们看上去很酸。"[1]

反思

这个故事的寓意是人们,很容易鄙视那些自己得不到的东西。从心理学角度讲,这种战略叫作"文饰作用"(Rationalization)或"认知失调"(Congnitive Dissonance)——我们通过低估我们原本渴望的事物,来应对我们的失望。

此则故事可以应用于:

◇ 认知。

◇ 现实目标设定。

---

[1] 复述故事。原文收录在罗德和米奇(1989)《伊索寓言》,乔纳森·凯普出版社,伦敦。

◇ 正面思考。

◇ 自信。

话题

采用"酸葡萄"策略是好的实践还是不好的?

这种策略可能产生的积极结果是什么呢?

这是一个诚实的策略吗?

有没有哪些情况是这种策略并不适用的?

这个故事如果可能有不同的结局,那会是什么呢?

与恐惧为伴的女人

故事

她从来就不知道为什么恐惧会和她生活在一起，但它好像一直都在她身边，以至于她不能够冒险走出她的房子，或见一见她的朋友，或和陌生人讲话。一天，她决定要出去见一见她的朋友。

但她只走到门口，就发现恐惧站在那里挡住了她的去路。它居高临下，边笑边说："你永远也出不去，好好想想会发生什么。如果你遇到你不认识的人，他们可能会看不起你，笑话你。还有，看看天气多糟呀，你可能会得重感冒的。最好别出去。"

这个女人听着，尽管试图与它理论，可最终还是决定听恐惧的话。第二天，她起床时想："今天我要出去，还要走在阳光里。"可是又一次，恐惧在门口挡住了她的去路。这一次，她尝试着走到门口和恐惧斗一斗。但经过几个小时的搏斗后，她累了。最终，她决定不出去了。

又是一天，她起床时想着："今天我要出去，还要摘些花朵。"这一次，当她走到门口时，恐惧已经像往常一样在那里等着她了，但是这次它并没有那么吓人，她给了它一个措手不及，打破它的平衡，将它推倒在地，然后跑出了门。她这一天过得很愉快，见了朋友，摘了花，还走在阳光里。她过得如此愉快，以至于接下来的两天她都做了同样的事，她再也没想起过恐惧。确实，恐惧似乎已经随之消逝了。

但到了第四天，当她走在树林里时，她突然看见一只巨大的熊咆哮着径直朝她跑来。她站了一会儿，吓得呆住了。就在这时，恐惧不知从哪里冒出来，拽住她的手，拉着她跑呀跑，她最终逃脱了熊的追赶。

一回到家，恐惧就说："我告诉过你，如果你出去，一些像这样的倒霉事就会发生在你身上。现在你该听我的话了吧。"

这个女人照做了。第二天清晨，当她醒来时巨大而可怕的恐惧就站在门旁。她有点害怕，慢慢地接近它说："你为什么又变得这么大，这么可怕了？"

恐惧回答道："你必须学会每天应对我。你必须意识到在你需要我和不需要我时的不同。"

"啊，现在我明白了。"这个女人说。她刚说完这话，恐惧就变得又矮又小，蜷缩着坐在地板上。看到这幅场景，她捡起了恐惧，小心地将它放进口袋里。

她从来不知道为什么恐惧会与她为伴。但是现在，她很高兴能将它放在口袋里到处带着。因为她知道，无论何时只要她需要它，她都可以请它帮忙。

反思

此则故事可以应用于：

◇ 自信。

◇ 动机与回报。

◇ 矛盾应对。

◇ 正面思考。

话题

将像恐惧这样的消极情绪人格化的策略有用吗？

这么做的益处或缺点是什么？

在什么情况下你会觉得这种策略有用？

将恐惧放在自己的口袋里是对的吗？

《战争游戏》

故事

大卫·莱特曼是一个成绩不佳的学生,也是一个业余的电脑黑客。在一次寻找最新电脑游戏的过程中,他无意间点击进入了美国军队的巨型机"战争行动计划响应系统"(WOPR)。这个系统的目标是运行激活可能发生的核战争。毫不知情的大卫还以为自己在和电脑玩一场游戏,他和WOPR打起了"全球热核战争"。

当然,这一激活使当局陷入了恐慌,也造成了全国的核导弹恐慌。当他们发现WOPR只是正在运行激活时,他们试图通过切断电话线和更改大卫破解的"后台密码"来平息局势。

尽管如此,部队的长官们并不知情,WOPR继续运行着激活系统,试图触发战争,赢得比赛。

故事的高潮来了,一场灾难勉强躲过了。当大卫和WOPR电脑程序的原始设计者教WOPR玩圈叉游戏(连三子棋)时,WOPR学会了,就像很多战争的爆发一样,这场游戏也是同样的结果:"没有赢家"。

最终,所有的排列码都瘫痪了,WOPR用空洞的声音得出结论:"这——是——一——个——奇——怪——的——游——戏。唯一赢的举动是不——要——玩儿。"

一阵沉默后,电脑整合出建议,"玩——局——象——棋——怎么样?"[1]

---

[1]《战争游戏》拍摄于1983年,编剧:劳伦斯·拉斯科(Lawrence Lasker)和瓦尔特·帕克斯(Waklter F. Parkes),导演:约翰·班德汉姆(John Badham)。

反思

我最后一次看这部电影（2009年夏天）是在电视上，紧随其后的是一则阿富汗战争的特别新闻报道。发言人是当时的首相戈登·布朗，他在强调："阿富汗战争必须继续下去。"也许应该把他介绍给 WOPR 认识。

此则故事可以应用于：

◇ 应对改变。

◇ 矛盾应对。

◇ 认知。

◇ 解决问题。

话题

WOPR 得出的是正确结论吗？

卷入矛盾冲突是不是就从来没有赢家？

企业中所进行的什么"游戏"是没有赢家和输家的？

企业中的人如何吸取这个教训？

"不去玩儿"可行吗？

贫穷与智慧

故事

毛拉·纳·西鲁丁站在街上赚钱,被人们当成傻子。当路人经过,站在那里嘲笑他时,他们就会拿出一大一小两枚硬币。而纳·西鲁丁总会拿小的那枚。一天,一个男人很替纳·西鲁丁感到难过,他说:"毛拉,你应该拿大的那枚,这样的话,你就可以赚到更多的钱。还有,人们也不会笑你是个傻子了。"

纳·西鲁丁说:"你说得对。但如果我总是拿大的那枚,人们就不再会认为我是个傻子了,那么他们就不会停下来,用给我钱的方式来证明我比他们愚蠢了。那样的话,我就什么钱也赚不到了。"[1]

反思

纳·西鲁丁是傻瓜吗?那些给他钱的人是傻瓜吗?还是给他提建议的人是傻瓜?

此则故事可以应用于:

◇ 品牌经营、市场营销。

◇ 认知。

◇ 正直、谦虚。

◇ 影响力。

---

[1] 一个广为流传的纳·西鲁丁故事,更多的故事参见伊德里斯·沙阿作品。

话题

我们可能会说，与公众相比，纳·西鲁丁"知道自己的位置"。你在企业中也是这样吗？

纳·西鲁丁应不应该采用那个男人的建议？

他"向别人乞讨"的行为道德吗？

狗与骨头

故事

从前有一只狗,它总喜欢坐在肉店的门口,看着橱窗里的排骨、腊肠和牛扒流口水。一天,当屠夫忙着招呼客人时,这只狗瞄准了这个时机,跑进肉店叼走了一大块连着肉的骨头。它顺着街道就逃跑了,嘴里死死地咬着那块骨头。屠夫在后面紧追不舍,手里挥舞着锋利的刀,大喊道:"抓贼,抓贼,抓住它!"这只狗比人跑得快多了,最后它窜出了人流,很快就跑到家附近了。

这只狗沾沾自喜地想:"我多聪明呀!没有人有这么大块儿的骨头。我会成为村里人议论的话题。"

但当它走过家附近的小桥时,它看到了另一只狗也叼着一块儿骨头,和它的一样大。

它想着:"真是我的幸运日!怎么才能把那块儿骨头也弄到手呢?"想着,它突然张开嘴,贪婪地咬了水里的倒影一口。可是,不但没有得到另一块骨头,之前的骨头也从它嘴里掉了出来,"砰"的一声掉进水里,沉下去了。[1]

反思

此则故事可以应用于:

◇ 现实目标设定。

---

[1] 复述故事。原文收录在罗德和米奇(1989)《伊索寓言》,乔纳森·凯普出版社,伦敦。

◇ 情商（了解自己与他人）。

◇ 正直、谦虚。

话题

这是一个有关贪婪的例子，还是证明狗的无知？

这只狗应不应该为它的野心冒险沾沾自喜？

狗的行为道德吗？

你如何将这个寓言和你的或他人的企业联系起来？

它使你思考

故事

在戴安娜王妃葬礼那天，记者们游荡在成千上万悲痛的人群中间，他们站成排等待着送葬队列经过，以向戴安娜王妃致以他们最后的敬意。一名记者走近一对站在围栏旁的老夫妇。

"打扰一下，太太，"记者说，并访问这位女士，"您认为今天皇室家族在这里的角色是什么？女王应该立刻从巴尔莫勒尔堡来到这里吗？"他把麦克风对准这位女士的脸。这个女人站在那里，一动不动，表情茫然。但后来，她开始紧张地咯咯直笑。

她说："哦，我真的不知道，亲爱的。"然后转向站在她旁边的丈夫，戳了他一下说："亚瑟，你怎么看？"[1]

反思

此则故事可以应用于：

◇ 交流。

◇ 自信。

◇ 平等与多样性。

◇ 授权、约定。

◇ 正面思考。

---

[1]BBC 电视访问。

话题

对于这位女士对她丈夫所说的话,你的反应是什么?

被访问的是一对老夫妇。你能将这事移植到今天的权利关系里吗?

这位老夫人如此依赖她的丈夫,对吗?

在什么情况下,你或别人会允许他人代你思考?

左右为难的故事

故事

医生的左右为难

一位年轻的医生在一家医院工作,他发现自己能够通过触摸,来治愈任何70岁以下病人的任何疾病或者是创伤。他对病人的触摸无论多简洁,只要是皮肤与皮肤间的接触,他就能够治愈他们的疾病。他想要用这个天赋使所有人受益。可是,他知道这种天赋是不能转移的,也不能永久地保持在他的身体组织中的,只能随着他的生命消逝。问题是:这位医生应该如何开始使用他的天赋呢?他该如何选择要救治的病人呢?他的天赋可能会产生哪些消极结果呢?[1]

游客的左右为难

一个木匠、一个裁缝和一个魔术师一起去旅行。他们一块在一个山洞里避雨。几个小时后,他们用木头做了一个女人,给她穿上衣服,最后给了她生命。那么,问题出现了,谁应该拥有这个女人,将她作为妻子呢?是做了她的木匠,给她穿上衣服的裁缝,还是给了她生命的魔术师呢?

---

[1] 约翰·麦卡锡(John McCarthy),斯坦福大学计算机科学系荣誉教授。

卡莉的故事

故事

  那是在1986年,对所有零售商来讲那都是非常艰苦的一年。我们刚失去了我们的一个大客户,因为他们不想再囤积珠宝了。那时我有一个员工,她的名字叫安。她在授权方那边工作,并且她的职务需要有很强的责任心。但我知道,从上班那天起,她就是个逃避工作的懒鬼。她经常尝试着将午餐时间延长到下午两点。她会把晚报半藏在她办公室桌子的抽屉里,这样,无论何时我经过时,她就能够熟练地用胳膊肘将抽屉关上。她以为我没看到,可我知道发生了什么。那时我天真地以为我不想引起不安,因为我们正遭受着一些商业困难。我不想面对她的懒惰。这个举动让我十分后悔。

  大约一个多月后,我不得不进行我人生当中最艰难的一项工作——我告诉我的员工们他们当中会有相当一部分人被裁掉。那是一个心酸的时刻,当我宣布完,作为被裁人员名单中的一名,安走上前,充满抱歉又真诚地对我说:"如果我知道公司正面临困境,我会工作得更努力些的。"

  这对我来讲是非常有益的一课。我应该正面面对她的懒惰,这对我们俩都是有好处的。今天,我是一个非常、非常不同的商业女性。我学习到了很多,也吸取了很多教训来成为一个成功的商人。[1]

---

[1] 卡莉·罗德,故事征集访谈。爱康莱孚官网。

反思

此则故事可以应用于：

◇ 领导力。

◇ 团队协作。

◇ 矛盾应对。

◇ 正面思考。

◇ 自信。

话题

关于公司的状况，卡莉是不是应该对她的员工们更加公开和诚实一些呢？

卡莉故意忽视安的行为是对的吗？

你认为如果安改变了，她还能够继续留在公司里吗？

你如何应对安呢？

你有没有遇到过类似情况，或者其他人选择忽视过糟糕的行为？结果怎样（好的还是坏的）？

小红母鸡

故事

一天,小红母鸡正在农场里刨地,它发现了一粒麦种。它跑到农场里找其他动物去问:"谁能帮我种这粒麦子?"

"我不能,"鸭子说,"我没看过这项活动的调查报告。"

猫说:"我也不能。"

狗说:"同上。"

小红母鸡爽快地说:"好吧,那我自己种吧。"过了段时间,这粒麦子长高了,成熟了,变得金黄,是时候收割了。

小红母鸡问道:"谁愿意帮我割麦子?"

"我不能。"鸭子说,"没有做风险评估。"

猫说:"我也不能。"

狗说:"同上。"

小红母鸡高兴地说:"别担心,我自己割。"

割好麦子后,小红母鸡对它的同伴们说:"说愿意帮我打麦子?"

"我不行,"鸭子说,"没人考虑过这事怎么配合项目管理计划。更何况,我还没经过培训。"

猫说:"我也不行。"

狗说:"同上。"

小红母鸡毅然地说:"好吧,我自己打。"

麦穗被打得干干净净,是时候拿到磨坊去磨成面粉了。小红母鸡对它的

第二部分
然后，有一天……

同伴们说："我想我可能知道这个问题的答案了，但我还是要问有没有人愿意帮我把麦子拿到磨坊去磨成面粉？"

"我不去，"鸭子说，"谁承担运输费呢？想想，找到磨坊多难啊，我又没有卫星定位。"

猫说："我也不去。"

狗说："同上。"

"很好，"小红母鸡叹了口气，"我自己去。"

小红母鸡将麦子带到了磨坊，当它们都被磨成了细腻的面粉时，它说："再给你们一次机会，有人愿意帮我把面粉烤成面包吗？"

"我不愿意，"鸭子说，"除非这是为了在生产出最终产品之前，做出来供最终使用者检测的样品。更何况，我也不知道面包所需的质量标准是什么。"

猫说："我也不愿意。"

狗说："同上。"

"好，"小红母鸡边说边把面粉袋扛上肩膀，"我自己烤。"说着它快步走向了厨房。

很快它就做好了面包，把它放进了烤箱。面包闻起来真香，所有的动物都赶来看是什么要出炉了，当然也包括鸭子、猫和狗。

小红母鸡挥舞着餐刀说："现在，谁能帮我把这个面包吃掉？"鸭子说："我能！"

猫说："我也能！"

狗说："同上！"

"现在不行，"小红母鸡用餐刀恶狠狠地指向它们，"我仿佛记得，当我请求你们帮助时，你们当中没人感兴趣，还编出各种各样的借口。我自己做了所有的事，因此，好像只有我自己将面包全吃了，那样才公平。"

它二话不说开始切面包。当其他动物意识到再围在这里也无济于事了，就一个接一个地散开了。

鸭子尖声说:"不合群!"

猫嘘声说:"自私!"

狗反思道:"我想我能理解它!"

"喔,闭嘴!"鸭子厉声说,"你现在有意见已经晚了。"

但小红母鸡并没有听它们在说什么。它和它的小鸡正忙着享用它们的早餐。[1]

反思

这则故事的最初寓意是,那些无意为最终果实做出贡献的人,就没有资格享受最终的果实。

此则故事可以应用于:

◇ 项目管理。

◇ 团队协作。

◇ 交流。

◇ 动机与回报。

话题

动物们对小红母鸡的批评合理吗?

小红母鸡应该和大家分享面包吗?

动物们的话合理吗,或者只是逃避艰苦劳动的借口?

这样的借口只被用作行事障碍而不是行事促成,在你的企业中有没有这样的情况?

在你的企业中有没有人付出了全部的努力后,却不得不和他人分享利益?

---

[1] 复述传统故事。

上帝会显灵

故事

从前，一场大暴雨后，一个老人发现自己的房子被洪水淹了。他坐在门廊里眼看着洪水慢慢涨高，他真想知道怎么做才能拯救他的房子和他自己。他决定，现在能做的最有用的事就是祈祷，相信上帝。过了一会儿，一个载着他两个邻居的救生筏向他驶来。"快到筏子上来！"他们边喊边伸出手拉他上来。"不，谢谢。"这个人说，"我要待在这儿，我相信上帝。"

水一点点上涨，这个人很快就不得不爬到楼上，以免自己被弄湿。过了一会儿，一艘船接近了他的房子，停在了窗口，这个人紧张地朝窗外看着。"快上船！"船上的人喊道，"船上有很多地方。""不，谢谢，"这个人回答道，"我相信上帝。"

洪水还在不停地涨啊涨，涨到这个人只能带着他那点贵重的家当躲到房顶上。过了一会儿，他听到巨大的呼呼声，他抬头看，看到了一架直升机正驶过来，直升机放下了一副梯子，招呼他爬上去。"不，谢谢，"它对直升机上的人喊道，"我相信上帝。"

最后，猛烈的洪水终于将这个人卷走、淹没。到了天堂时，这个人问上帝："上帝，我相信你，不断地向你祷告，你为什么不来将我从洪水中救起呢？"

"我救了，"上帝回答道，"我派了两艘船和一架直升机。"[1]

---

[1] 趣闻轶事，作者不详。

反思

这个故事的寓意可以是"不要相信上帝""只相信自己",还是"注意给你的信号"?留给你去论证!

此则故事可以应用于:

◇ 授权、约定。

◇ 认知。

◇ 正面思考。

◇ 现实目标设定。

◇ 自信。

话题

故事传递的信息是什么?

这个人是如何理解"相信上帝的"?

他的信仰是使人受益的还是使人受限的?

你能把这种盲目的信任和你自己的企业联系起来吗?

注意两边儿

故事

美国联邦调查局（FBI）局长乔治·埃德加·胡佛[1]，有一个"苛刻的老板"的称号，尤其是他坚持工作要做得干净利索。他命令他的助手们将他们的备忘录打出来，在每张纸的两边都要留有空白，这样他就可以用清晰的蓝墨水在上面写下评语，他的蓝墨水是专门用来干这个的。

所以故事开始了。一天，一个没经过培训的助手将备忘录打了满满一整页，以至于胡佛没办法在上面写任何评语。胡佛把这张纸给她退了回去，只在最底下写了一行字"注意两边儿。"

据说，成百上千的FBI特工由此被派去监视墨西哥和加拿大边境的可疑情况。现实就是有那么点儿戏剧化——这个备忘录和它所引起的误解被当真了，但在几个焦急的FBI分部的电话之后，事情被很快澄清了。

反思

此则故事可以应用于：

◇ 交流。

◇ 认知。

◇ 领导力。

---

[1] 乔治·埃德加·胡佛（John Edgar Hoover, 1895—1972）美国联邦调查局第一任局长，任职长达48年。作为一个叱咤风云近半个世纪的传奇人物，他的名气远远超过电影明星，权势让总统也望尘莫及。他是一个时代的象征，也是美国民众的偶像。

◇ 团队协作。

话题

故事所讲述胡佛的领导方式是什么？

如果他不是那么不可接近和苛刻，那么故事的结局会不同吗？

这种误解可能引起什么样的问题？

你能想到胡佛通过这个事件学到什么了吗？

什么样的传闻在你的公司弥漫？它们具有毁灭性吗？

屈服于员工态度调查的经理

故事

奈杰尔是一个主管，管理着一家组装电脑和IT硬件的工厂。大部分员工都是女性，做着像组装集成电路板之类错综复杂的工作，但按照惯例，所有的经理和部门主管都是男性。

一天，奈杰尔去参加一个研讨会。发言者滔滔不绝地谈论着，关于员工态度调查和向上反馈的益处。奈杰尔对这个概念很感兴趣，不是为了他自己，而是为了他的下属们，他发现他们中的很多人都需要这个。因此，他从外面请了一个顾问，在员工中进行态度调查。

他们共同制订了一份详细的调查问卷，从餐厅的食物到经理的素质，邀请员工匿名讲出他们的想法。还不习惯被询问或倾听的员工们很喜欢这个让他们说话的机会。分析过调查问卷后，顾问来到奈杰尔的办公室，初步概述了这些数据。他说：“我可以概括一下调查结果，你的大部分员工都对公司的管理有很大意见，尤其是你，对你没有太好的评价，他们认为你是个不折不扣的坏蛋。”

听到这个，奈杰尔感到十分震惊。他是怎么被误解成这样的？顾问使奈杰尔相信，这种评价绝不是个例。他说他可以帮奈杰尔整合一份计划，能够帮助他改善员工的看法。这个计划很简单，在一年里，奈杰尔每个工作日花一个小时和员工交谈，询问他们的看法，并且要倾听他们的建议。一年之后，再重做一次态度调查，这样改善结果就可以得到检测。

因此，在这一年时间里，奈杰尔执行了这个计划。他很惊讶于来自员工的反馈如此之好，其中一些直接有效地节省了成本。

到了重做态度调查和分析结果的时候了。顾问又一次来到了奈杰尔的办公室为他分析趋势。

他说："我很高兴地告诉你，结果有了些改善。现在你的大多数员工都认为你是个精明的坏蛋。"[1]

反思

正如彼得在书中所说的，"人们都不傻"。我们需要质疑所进行的任何调查和行为结果后的目的与动机。

此则故事可以应用于：

◇ 交流。

◇ 认知。

◇ 领导力。

◇ 团队协作。

◇ 正直、谦虚。

话题

故事中所讲的委托问卷调查是个好办法吗？难道"只保留好的"不是更好吗？

如果你近期也做了一项态度调查，你会如何利用它所提供的信息呢？（有多达 70% 的调查得以进行但却从未被执行。）

奈杰尔是像他所说的"被误解"了吗？

什么样的领导风格，能够体现出你的企业特征？

---

[1] 摘自彼得·哈尼斯的书《管理者们的 50 个警示故事》（50 Cautionary Tales for managers）2006，一本实用手册。

圆满结局

最后这组故事希望能够让你放松，带给你惊喜和愉悦，使我们觉得生活值得一过，或者仅仅就是博大家一笑！这部分的故事没有设置"反思"和"话题"的板块。尽管如此，它们还是可以有效地运用在培训中，作为"补充"来引出你的下一个话题，用在午饭后（臭名昭著的墓地现场）或者在培训课程结束时，来激励参与者，让他们情绪高涨。当然，如果你愿意的话，这些故事也不是不可以用作讨论。就像这组故事的标题那样，它们可能会有一个牵强的或者始料未及的结局，但这结局往往会是圆满的。

马乔里的故事

故事

我、我的女儿安和我的小外孙女路易斯去法国南部度个短假。我们住在圣特罗佩斯和夏纳间的某处房车露营地。天气好极了,我们大部分的时间都待在灿烂的海边。一天我们在海边时,安对我说:"妈妈,你看上去有点累。你为什么不躺在气垫床上休息一会儿呢?"这好像是个好主意。安为我把可充气气垫床吹起来,然后用桨把它划到海里(只有一小段距离)。那时候我根本不会游泳,所以躺在水上我总是很紧张。我平躺在气垫床上。阳光灿烂,过了一会儿,我开始放松,闭起眼睛睡着了……

你能想象得到,过了一会儿我醒来时有多害怕,我发现海岸已经远的快看不见了,目测得有好几英里远。我马上直坐起来,抓住气垫床的两边,像沙滩上的鲸鱼一样完全失去了控制。我想:"完了,我再也见不到安和路易斯了。"我直直地盯着海滩。我到底怎么才能回去呢?我要是会游泳该多好……我绝望地看看四周,看有没有人能够救我?然后,一个法国年轻人和他的女友不知从哪里出现了,离我并不太远。他们在戏水、玩球、嬉笑叫喊着对方。

集结了我有限的法语,我疯狂地向他们挥舞着手臂,"打扰一下!"我对那个男孩喊道。随后,我的法语就要到头了,我在气垫床的一角拿起一根绳子,恳求地把绳子递给他,"你能帮我回到岸边吗?"

"好,当然。"这个人回答道。他点头的同时,我猜他说的是"好"。他拿起绳子,和他的女朋友一起开始推动气垫船——我像女王一样坐在气垫床里,即使有点不太稳。但是很快,我松了一口气的感觉就被一种迷惑感取代了。那个法国人继续推的时候，我敲了下他的胳膊，用英语问：

"你们是在走吗？"

"是的，当然！"他很高兴地说，好像在说一件显而易见的事。我看到海水实际上只有几英尺深。当我们回到海边时，就像是一个奇怪的皇家游行。我看到我的女儿并没有像我所想象的那样，因为找不到母亲而哭泣、难过，而是笑弯了腰。她看到了一切。为了挽回我失去的尊严，我走下气垫床，感谢了那两个茫然的法国人，继续走完了剩下的那一小段距离。

那个假期后不久，我就开始学游泳了。幸运的是，没人问我为什么这么着急学游泳。[1]

---

[1] 马乔里·波顿，故事搜集访谈。

《父与女》

故事

> 她听见我拍案诉说
>
> 所有的好男好女
>
> 都把她诅咒谴责
>
> 一齐提到的还有
>
> 一个臭名昭著的男人
>
> 于是随日应声
>
> 他的头发美丽
>
> 眼波清冷像三月的风 [1][2][3][4]

---

[1] 引自《叶芝诗集》(1994)。

[2] 引自《叶芝诗歌全集(二五)》。

[3] 威廉·巴特勒·叶芝 (William Butler Yeats, 1865—1939),亦译"叶慈""耶茨",爱尔兰诗人、剧作家,著名的神秘主义者,是"爱尔兰文艺复兴运动"的领袖,也是艾比剧院 (Abbey Theatre) 的创建者之一,被诗人艾略特誉为"当代最伟大的诗人"。叶芝对戏剧也有浓厚的兴趣,先后写过 26 部剧本。

[4] 华兹华斯 (William Wordsworth, 1770—1850),英国诗人。

母亲和葡萄

故事

"这真是一个过除夕的好主意,"一天下午我母亲感叹,得到了家人们兴高采烈的回应,她继续说,"在《读者文摘》上。"说话的语气就好像要使她即将要说出来的一切更加庄严。

她读道:"就在午夜前,你们拿着一个装着12颗葡萄的碗,当午夜的钟声敲响时,你们就开始吃葡萄。"

"为什么?"我妹妹问,她总是个冷嘲热讽的人。

"因为你们每吃一颗葡萄时钟都继续敲一下,你们就会有快乐的一年!"母亲回答道,她用三岁小孩子般的冒泡语气兴奋地说道,就像等着轮到她见圣诞老人一样。在除夕我们虔诚地在维持着一项传统。半苏格兰、半约克郡的母亲坚持"第一只脚"的习俗,这个奇怪的习俗要求房子里的一个人(通常情况下是头发颜色最深的那个),应该是新年里第一个踏进房门的人,他要拿着一块煤、一小枝冬青、一些水果蛋糕和一杯威士忌(每样东西都有很深的寓意)。我们能够感受到母亲正在筹划的节日庆典补充项目就像恶作剧,但我们仍愿意取悦她的怪癖,配合她进行。

在故事发生的那天晚上,作为家里面头发颜色最深的人,我妹妹像往年一样在11:55仪式般地被带出前门。母亲紧紧地把门关上,留下她一个人颤抖着站在寒冷的冬夜里,手里抓着之前提到的那些东西。当然还有那碗装着12粒葡萄的额外负担。这个不情愿的流放偶尔会被新邮件打断,这时就会微弱地听到一个可怜的声音:"时间到了吗?"

我们从电视机里的大本钟听到了午夜第一声钟响，母亲喊道："时间到！"声音大得足可以惊吓到邻居们，让他们以为是一场核攻击。她和我同时以最快的速度将葡萄填进嘴里。（回想起这件事，很奇怪你会意识到你如此地投入进一件你从未尝试过的事，甚至不会停下来理智地考虑一下你为什么要这么做。）

不幸的是，在她迫切地尝试这个新的、勇敢的活动时，母亲习惯性地想都不想，也没有读文章下印着的小字。如果她读了的话，就会注意到上面的提示"无核的葡萄较好"。所以现在，伴随着前门外发出的低沉的"时间到了吗"的背景声，一个新的不和谐音出现了——那是母亲和我尽力咀嚼和吞咽葡萄的声音，还有不断吐出那些意想不到又不受欢迎的葡萄核的声音，我们气喘吁吁地就像是两个齐头并进的游泳运动员。

母亲后来对整件事的评价是，取得了巨大成功。她成功地吃完了她的12颗葡萄（老实说，在大本钟钟声停下后我们还吃了一会儿）。我大概只吃下了三颗，我那时笑得太厉害，以至于在新年夜的娱乐中可能有人要为我做海姆利克氏急救法[1]的危险。我妹妹不用说更是处于一种黑色幽默中。当重新被请进房子后，她还带着一块煤、一小枝冬青、吃了一半的水果蛋糕、一个装过威士忌的空杯子……噢，当然还有12颗葡萄，她一颗也没吃。[2]

---

[1] 海姆利克氏急救法（Heimlich Maneuver）一种食物阻塞呼吸道时的急救法。

[2] 家庭故事。

勇敢的祖母

故事

一个来自佛罗里达的老妇人正在购物,在回到停车场时,她发现四个年轻人正要开着她的车离开。她放下了购物袋,拿出手枪,接着用她最大的音量尖叫起来:"我有枪,我知道怎么使用它!快下车!"

这四个人一秒都没耽搁,下了车,像疯子一样跑掉了。这个有些颤抖的老妇人将她的东西放到了车后座,然后坐到了驾驶位。她抖得厉害,都没法将钥匙插进钥匙口了。她试了又试,后来她知道为什么了。

几分钟后,她发现她自己的车原来停在四五个车位远的地方。她把东西放到自己的车上,然后开车到了警察局。听她讲这个故事的警官大笑不止。他指指工作台的另一端,四个面色苍白的人正在报告一起汽车抢劫案,嫌疑人是一个疯狂的老年女性,白人、不到五尺(1尺≈0.33米)高、戴眼镜、白色卷发,并且拿着一支巨大的手枪。结果没有任何指控记录在案。

一个偶然的发现

故事

尽管亚历山大·弗莱明[1]作为杰出的科学家而闻名,但他并不属于最爱干净的那类人。他的日常工作材料,如培养皿、试管和其他设备,就像垃圾似的堆成一堆,他每隔两到三周才清理一回。他每隔一段时间就检验一下葡萄球菌的属性,然后就和家人出去度假几周。

1928年9月,当他们度假回来时,弗莱明正打算开始他日常的清扫工作,他注意到了在他工作台上散落的三四十个玻璃片中间有一个培养菌被一种蓝色的真菌弄脏了。他随后将这种霉菌命名为"青霉素菌",并将它释放出来的物质称为"青霉素"。

几年后,当他参观一个现代化科研实验室时,弗莱明就饶有兴趣地观察起这些科学家们工作的无菌环境。

"我打赌你一定希望在这样的地方工作吧,"向导骄傲地说,"想想你会发现什么!"

弗莱明苦笑道:"当然,一定不是青霉素。"

---

[1] 亚历山大·弗莱明(Alexander Fleming, 1881—1955),英国微生物学家。是他首先发现青霉素。青霉素的发现,使人类找到了一种具有强大杀菌作用的药物,结束了传染病几乎无法治疗的时代;从此出现了寻找抗生素新药的高潮,人类进入了合成新药的新时代。在美国学者麦克·哈特所著的《影响人类历史进程的100名人排行榜》,弗莱明名列第43位。

我知道我们会再听到你的消息

故事

我们所有人都至少能够清楚地记得一位上学时教过我们的老师，那个启发我们、信任我们、鼓励我们学习的人。不幸的是，克劳斯老师没有满足以上的任何一条。在我的记忆中，她是一个有点落魄的、胆小的、相貌平平的40多岁的女人，她是教我和我倒霉的同事们后来被称作"家政学与刺绣"的课程。不得不说，这两样我哪样也没学好。值得赞扬的是，她这几年里一直勇敢地挣扎着试图激起我们的兴趣，让我们从制作真正的蛋黄酱、康瓦尔郡菜肉烘饼和汤品的过程中得到乐趣，但遗憾的是，大部分我都已经忘了，我还是不会烹饪。18岁那年，到了毕业的时候，我们这些女孩子要离开学校了，克劳斯老师特意选中我并和我握了手。

"再见，亲爱的，"她微笑着说，然后又远见卓识地点点头说，"我知道我们会再听到你的消息的。"

那一刻，我对她有预见性的话感到有点迷惑，后来我明白了。像很多人一样，她会分不清我和我姐姐（我姐姐因她对一切有关文学的东西的兴趣和热情而闻名），分不清我和任何经过的长得有点像的人。

"不，我想你搞错了，克劳斯老师，"我回答道，"你把我和我姐姐搞混了，她才是那个爱写作的人。"

克劳斯老师还是拉着我的手，她看着我的眼睛，那眼神是如此清晰而坚定，我以前从未见过。

"噢，不，亲爱的，"她声音轻柔却很坚定，"我知道你是谁。"[1]

---

[1] 家庭故事。

灰姑娘去舞会

故事

突然，灯闪了一下，一个穿着宽大衣服的男人出现在灰姑娘面前，他穿着全棉的衣服，戴着宽边帽子。

"你好，灰姑娘，"男人说，"我是你的童话仙子。我知道你很想去参加舞会，对不对？你真的想要自己变成所有男人都喜欢的美人吗？把自己塞进那让人喘不过气的礼服？把你的脚挤进那会让骨头变形的高跟鞋里？在脸上涂满有毒的化学物质？"

"是的，求你了！一定帮帮我！"灰姑娘毫不犹豫地回答。仙子叹了一口气，决定把政治教育推迟到第二天。[1]

---

[1] 引自《从政治上修正睡前故事》(Politically Correct Bedtime Stories)（1994），詹姆斯·芬恩·加纳（James Finn Garner），麦克米伦出版公司，纽约。

情书

故事

我们已经结婚20年了,一天晚上,我们坐在一起看着老照片,回忆起形形色色的人,我若有所思地对凯斯莉说:"啊……内莉·斯科菲尔德……我十分感谢她。"

"内莉·斯科菲尔德魉",凯斯莉说。

"是,你一定还记得她吧。她就是给我写那封信的人。"

"哦……对……信。"凯斯莉说。

我和凯斯莉是在1941年订的婚,就在我被派往马耳他之前。我在那里的时候,我们每天都会给彼此写信。我在家时,我们就一起出去一段时间。但不幸的是,我们终没能守得云开见月明,我们分手了。

之后不久,我又出国了,去了远东。可以说那些日子我总是飘忽不定,我从加尔各答到了缅甸仰光、新加坡,之后又去了爪哇岛。我在马耳他的日子一直都在虔诚地写信,夜复一夜。我有点任性地想,既然我没有女朋友,至少就不要这样写信了。除了写给母亲的奇怪的尽义务般的家书,我几乎不给家里写信;我也几乎没有什么来信,除了我母亲每隔几个月的偶尔回信。

我在爪哇岛时,那些高级士官们有他们自己的军用食堂。我记得那是一个有很宽车道的大房子。房子的入口是收发室,里面有一面墙那么大的信件分拣格,每个格都按字母顺序排列用来给信件分类。当然,我不写信,也没人写信给我,所以我平时都懒得往报刊室看一眼。在这群士官中,只有一个姓P的家伙曾在食堂问我:"你从来都没有收到过信吗,艾迪?""没有,"我说,"我没收到过信,也没写过信。"我用我果断又直率的语调告诉他,我不想再继续这段谈话。

一个很特别的日子,我像往常一样去食堂吃午餐。我那桌一共坐着大约12个人,P走进来,兴奋地大声说:"猜猜是什么?有一封艾迪的信!"

我不屑地把他推开,冲他叫道:"扔掉它。一定是追债的账单!"

"不,不是!"那个家伙说着闻了闻信封,"闻起来有香水味,一定是女孩子写的!"

他没把信递给我,反而传给了餐桌上他旁边的一个人,这个家伙也模仿着闻了闻。"是,确实是香水味。"他取笑道。在桌子上传了一圈,这封信终于到了我的手上。

我逃出食堂,回到了自己那半隐蔽的床铺开始读了起来。真难以置信信封上那勾划掉的地址的数量。地址写的是"爱德文·帕金中士收,591737"。并且这封信首先到达中国,因为那个地址被取消了,所以信件被寄到了加尔各答;加尔各答的地址也被取消了,这封信又被寄到了仰光;仰光的地址也被取消了,这封信又被寄到了新加坡;新加坡的地址也被取消了,于是这封信最终跟着我来到了爪哇岛。这封信能到我的手上真是个奇迹。信是1945年10月寄出的,而现在是1946年7月。

我很紧张地打开它。信里面,不认识的字迹写道:

亲爱的爱德文:

你不认识我,我是你前未婚妻凯斯莉的同事。她总是谈起你,总是说她很伤心婚约被取消。如果你还没交女朋友,如果还想着她,请给她写句话。我保证她会非常高兴的。

内莉·斯科菲尔德

不用说，我拿起我的记事本就给凯斯莉写了一封三页长的信。第二天，我又写了一封；之后，又是一封……

信寄到了巴恩斯利。一天，凯斯莉下班后她妈妈对她说："他应该更爱你。看，他写了三封信。"

"谁的信？"凯斯莉问。

"爱德文，"她妈妈说，"我说，他应该更爱你了！"

很显然，我们分手后，凯斯莉已经开始和另一个男孩子约会了。但她一收到我的信，第二天晚上就和他说："抱歉，我们结束了。"

所以，最后我们在1947年8月结婚了，并且多年来幸福地生活在一起，我们都很感谢内莉·斯科菲尔德。

"嗯，是的，我现在还记得她，"凯斯莉说，"事实上，对于内莉·斯科菲尔德和那封信我要忏悔。"

"忏悔？"我回过神来问，"为什么要忏悔？"

"好吧，"凯斯莉迟疑着说，"确实是内莉'写'的这封信，但实际上是我口述的。"

一阵沉思。我想我给了她足够长的一段时间，来担心我是否要提出离婚……过了一会，我们都笑了。我拥抱了凯斯莉，说道："我还是非常地感谢她。"[1]

---

[1] 家庭故事。

标语的故事

故事

　　这是一个晴朗、温暖的夏日，一对夫妇走过花园，孩子们跑着、闹着，放着气球、追着鸽子。一个老人坐在地上，他是个盲人乞丐。他前面放着一个收钱的罐子和一个手写的纸板标语，上面写着"发发慈悲，我是盲人！"可那罐子还是空的，人们从他身边匆匆走过，可能是有点尴尬，也可能是太忙碌没办法定下脚步。一个年轻人轻蔑地将烟蒂扔进罐子。

　　过了一会，一个年轻商人走进公园。他正了正自己的领带，看了下手表。很显然，他要去参加一个很重要的会。他经过那个盲人，但是他又停下脚步，回过头来站在那里看着他。这个盲人感受到有人站在那儿。他伸出手摸摸他的鞋——它们很漂亮，抛光得很好，不像他自己穿的破旧的运动鞋。这个年轻人拿出了一支笔。他把纸板翻过来，在另一面写下了一条新信息。他拍拍那个老人的肩膀，然后离开了。

　　现在，所有人都走向这个盲人，把钱放到他的罐子里。他能听到硬币和纸币的叮当声和沙沙声。罐子很快就装满了。真难以置信，他太高兴了，笑着把钱倒在地上。

　　这时那个年轻商人回来了，这次，他弯下腰和这个盲人说话。

　　"你在我的纸板上写了什么？"老人问。

　　"我写了和你一样的话，但是用了不同的词。"年轻人回答。他拿起了纸板读了起来："今天天气很好，但我看不到。"

最后一则

故事

  皇帝阿克巴和他的几个大臣到很远的地方旅行。天气炎热，皇帝也感到了旅途的劳顿。

  "难道就没有人能让路程变得短一点吗？"他恼怒地问道。

  "我能。"伯巴拉说。

  其他大臣迷惑地你看我、我看你，因为他们都知道没有其他的路，能够穿过这丘陵地带。他们所走的路，是能够到达目的地的唯一途径。

  "你能够缩短路程？"皇帝问，"好吧，开始吧。"

  "我会的，"伯巴拉说，"我先要给你讲个故事听。"伯巴拉骑着马与皇帝并行，他讲了一个很长、很有趣的故事，吸引了阿克巴和所有的大臣。在他们回过神来之前，他们已经到达了旅途的终点。

  "我们到了吗？"阿克巴问，"这么快！"

  "是的，主人，"伯巴拉微笑着说，"你确实说过你想要让路程变短点。"[1]

---

[1] 复述印度传统民间故事。

补充资料

> 玛格丽特·帕金已成为商界著名的故事大师。
>
> 斯蒂芬妮·斯派洛，《培训时间》(Training Zone)

商务增训

主要针对中高级主管，帮助他们明晰并实现自己的目标，建立自信，更有效地管理员工，做出令人难忘的讲话，解决矛盾以及提高团队效益。

培训与发展

针对领导能力、管理与个人发展方面问题，我们提供半天或全天课程，用故事和隐喻作为主要的学习方法。我们也开办对外的讲商业故事大师班。

咨询

我们在此用叙事研究的方法与员工、客户，共同鉴定企业的健康状况，我们也从客户和员工处界定、收集和整理"成功故事",以满足企业内外部的营销目的需要。

主题演讲

玛格丽特是"女性讲演机构"的授权讲师。英国和欧洲总理发言局提名的最杰出讲演者和会议主持人、导师。

Pilot
派力营销图书

积累更多属于你的故事，让你的课程更受欢迎，
早日成为卓越的培训师！